蔡康永的情商課

為你自己活一次

蔡康永——著

康永的序

我希望你常常跟自己抬槓，常常跟世界抬槓，
死命抬槓之後的明白，才是真的明白。

每個人都是為自己活的。
只是有的人做到了，有的人沒做到。
沒做到的人，當然不是不想做到，而是因為老是被別人誤導，結果就很可惜的，一直沒有真心的對自己。
既沒有真心的認識自己，也沒有真心的愛護自己。
就像每個人都想吃到真的黑松露，但如果隨便的聽信人言，應該就會不斷吃到似乎是又似乎不是黑松露的東西，然後對黑松露感到失望。
對人生失望以後，本來想就這麼混下去吧。但這樣混下去會越混越不知道自己是誰，也弄不清自己想要過什麼樣的生活，接下去的人生，也就根本談不上自由自在的做自己了。

覺得這樣很可惜的話，就對自己好一點，真心的對待自己一次吧。

別人不會故意誤導我們，別人沒那麼閒。

別人只是把他們也相信的事，不斷的告訴我們，我們聽從了，很少鼓起勇氣面對：那真的是我們想要的生活嗎？

紅燈停止綠燈走，這是我們都要聽從的，因為只有這樣，我們才能安全順利的在馬路上通行。

但我們的內心不是馬路，在我們內心通行的，只有我們自己。我們該為自己建立內心的交通規則，我們要認得出我們的紅燈與綠燈。

哪些是別人很相信、很認真的告訴我們，卻誤導了我們的事？

舉一些例子：

「祝你天天快樂。」這等於是抓了一把糖果塞滿你的嘴，祝你每天就吃這個，說這就是天下最美味的食物。

「別老是講死呀死的，幹嘛這麼悲觀！」難道有任何活過的東西，是不死的嗎？難道不講死就不會死嗎？死亡這麼重要、又一定會遇到的事，不認真的放在貼身的口袋，卻反而塞進一個叫做「悲觀」的抽屜，假裝沒有這個東西？

「又考第一名，真乖！」很常聽到，可惜也很混淆人心。一班那麼多人，只有一個第一名，那第二名到最後一名好歹也該各搭配一句稱讚的話吧？而且，用「乖」做標準，來稱讚小孩，難免會讓小孩以為聽話是一種重要的成就吧？

有人大概覺得我是故意在抬槓。

我是在抬槓。我們都應該練習這樣的抬槓~把莫名其妙就壓在我們身上的各種槓，抬起來移走。

我希望你常常跟自己抬槓，常常跟世界抬槓。死命抬槓之後的明白，才是真的明白。

糊塗不值得追求，豁達才值得追求，而豁達可不等於糊塗。心裡糊塗的人，不明白，豁達不了，內心也不會強大。

別人為什麼會跟我們抬槓？因為對方覺得我們糊塗，想喚醒我們，才跟我們抬槓。（當然，也有人就是為了抬槓而抬槓的，那些是不在意自己目標，隨便揮霍心力的人，等他們明白了，就不會這樣了。）

讓自己盡可能變成一個明白的人，是非常過癮、也非常值得的事。不管是透過抬槓、透過看書（看書常常就是邀請作者跟自己抬槓）、透過閉關思考、透過生活的小打小鬧或大起大落都可以，只要能夠變明白，只要能夠這一秒比上一秒明白、今天比昨天明白，就都是過癮又值得的事。

有些人以為「討人喜歡」是情商很高的境界。很遺憾，如果討人喜歡，卻失去自己，那是情商最糟的狀況。失去自己，不管情不情商，就是最糟的狀況。情商的出發與歸宿，都必須是自己，不然情商就沒有意義。舒服的做自己，是追求情商的最重要原因。

就算是打定了主意，要用盡一生去服務別人的聖人們，他們能夠這麼篤定的如此度過一生，也正是因為他們找到了自己要的生活，他們平心靜氣、而不是覺得全世界都欠他們的、舒服的做自己。

我相信的情商，很樸素，也很實際。

我幸運得到認知心理學的一些著作啟發，讓我有機會想出舒服做自己、舒緩建立情商的三個原則。這些想法給了我很多力量，我希望也能給你力量。

第一個原則，就是「明白」，不再人云亦云，不再讓自己的心，屈服的被捏在別人手中的那種「明白」。

這本書想講的，就是這個很珍貴的「明白」。如果有機會再寫下去，我會努力講好另外兩個原則：「剛剛好」與「慢慢來」。

這不是一本教我們快樂的書。在我嚮往的生活裡，快樂沒那麼重要，快樂很討喜，但快樂不及平靜重要。

我對快樂，當然喜歡，但我希望是「明白且恰當」的喜歡。我對悲傷，當然不喜歡，但我也希望是「明白且恰當」的不喜歡。

前面一開始抬槓時所講的那些「講死」「考第一名」，我都希望我能「明白且恰當」的看待，不要抹黑，也不要抹白。

我自己還在練習，差得還遠，但這就是一部分令我有興趣活下去的動力，不是缺憾。我樂於逐漸的、一步一步的「慢慢來」。

寫這樣一本書，就是我「一步一步、慢慢來」其中的一步。

你也會邁出你的第一步，乃至更多步。你大有可能比我先抵達。我在這方面根本不是什麼有慧根的人，每一步都費勁。

費勁，可是值得。

一步一步的慢慢來，有一天就能做到「剛剛好」。

而這一些，都必須從「明白」開始。

明白自己，一步一步慢慢來的做自己，為我們自己活一次。

因為我不確定我們到底可以活幾次，很有可能就這麼一次，所謂「一鳥在林，不如一鳥在手。在林子裡的鳥再多，也比不上已經抓在我們手裡的這隻鳥。黑鳥也好，白鳥也好，胖鳥也好，瘦鳥也好，讓我們為自己盡情自在的活一次吧。

一個男孩約了心儀的女孩看夜景
突然一陣涼風吹來
妳會冷嗎?
謝謝,我不冷
那外套可以借我穿嗎?
我很冷...
?

PART-3

「負面」情緒，跟你想的不一樣

PART-4

負面字眼，其實蘊藏蓬勃生機

PART-5

讓山是山，讓我們是自己

PART-1

我們要互相依靠，而不是互相控制

1. 你全身都貼滿了「應該」的標籤嗎？

辨識情緒都是哪裡來的？它們來做什麼？
它們來了以後，我該怎麼辦？要把它們各自安放回去時，該放回哪裡？
這就是我們要的情商。

想像你現在穿得好看，風和日麗，你走在乾淨開闊的路上，感覺著和煦的天光與微風，你喜歡這個天氣、這條道路，你喜歡此時的自己。

路邊有本來表情呆滯的人，看了你自在的樣子，他們也稍微有了一絲微笑。

沒有人會否認，這是幸福，是眾多幸福之中，很棒也很容易得到的一種。

這種幸福裡面，有別人，也有自己。

看到你走過的人，如果再看仔細一點，會看到你渾身上下，有不少小標籤、小貼紙，隨著微風擺動著。

有的小標籤，是用很隨便的字跡寫的，也很隨便的用根絲線拴在你的衣襬上，一扯就會掉落；也有的小標籤很隆重，是黃金打造的小牌子，上面的字是用刻的，這樣的小金牌用金鍊子掛在你的手腕或頸子上；其他各式各樣的小布條小紙條，上面也都有各種字樣，有的用粗繩綁在你的腳踝，有的只靠紙頭本身的黏膠，勉強貼在你背上，隨時會被風吹跑。

這些小標籤小牌子上面，寫的是什麼？

字跡潦草的紙條上面，寫的大概是你隨便應付著做過的某個臨時工作；至於小金牌上刻的，可能是你非常珍視的某個身分：「某某名校的榜首」或是「某某旺族的後裔」。另外那些小布條小卡片上，則各自寫著你的各種信仰、各種價值觀，有些可能是隨便聽來的，比如「永遠不再跟雙魚座交往」；有些是認真想要相信的，比如「錢就是一切」或「要就瘦，要就死」。還有些內容極瑣碎，就算被風吹掉，你也不會在乎的，像是「鹹粽子才是粽子，甜粽子算什麼粽子」或「修照片要把臉修小沒關係，但好歹別把背後的柱子都修歪了」之類你勉強算是有點意見但並不真在意的小原則。

這些小標籤小紙條在微風中微微飄動著，有些令你身姿更優雅、有些顯得你華麗或霸氣，有些搞得你凌亂，有些很累贅、有些跟你整個人一點都不搭，有些在你身後留下一地紙屑垃圾。

但不管怎麼樣，這些小標籤小紙條，沒有妨礙你的行動，沒有遮擋你的五官，也沒有阻止你感受風景與天氣。

也就是說，你還算是自由的。

什麼時候，我們會變得不再自由呢？

當這些小標籤小紙條，變得跟雜誌一樣大，跟盾牌一樣大，甚至跟商店招牌一樣大，那我們就不自由了。

我們會行動受限、視野受限、感受不到風景與天氣，整個人被這些標籤與紙條給困住。

你一定覺得我太誇張了。誰身上沒有那麼幾十個或幾百個標籤紙條跟著呢？哪會嚴重到令我們不自由？

嗯，即使是最瑣碎的紙條，只要黏在你身上，不必變太大，只要變成撲克牌那麼大，就會妨礙你了。紙條卡片上那些大大小小我們覺得「理當如此」的事：「粽子理當是鹹的。」「修照片理當知所節制，別把背後柱子也修歪了。」「我家孩子既然是我生的，考試起碼必須前十名。」「要娶我家女兒，聘金起碼超過一百萬。」「我這篇文字起碼該得到兩百個讚。」「今天我趕時間，交通應該要順暢，如果塞車，就是有人跟我作對。」「我既然買了這三支股票，這三支股票就該連漲一週。」……

如果照我這樣列下去，我們每個人身上絕對不只幾百個小標籤，這些「理當如此」，每秒都會生出新的小紙片小標籤、附著上我們的身子。這秒有幾張脫落了，下一秒又會有更多補上。

它們會像鱗片，覆蓋我們全身乃至眼耳。我們可以仗著這一身鱗甲，到處去指手劃腳，「這個不對」「那個太差」，做出各種評價、各種判斷，但沒有察覺我們已經漸漸把世界、風景、天氣、別人，都隔絕在外。

而別人也看不到我們的面貌，別人看到的是密密麻麻的標籤紙條，所形成的一付密不透風的鱗甲。

我們的生活，需要互相依靠：衛生、交通、娛樂、商業，都需要互相依靠，彼此交換情感、能力與資源。但在依靠與交換的時候，我們並不需要用我們的各種原則去掐住彼此的脖子。我們可以不用控制人、或被別人控制。我們不用拿自己身上這些紙條，去黏在別人的臉上。

當我們覺得每件事都有個「應該」的樣子，而這些事卻都不對，都不合我們期望的時候，我們就喚來了許多「應戰」的情緒：嫉妒、憤怒、自卑、猜忌……都來了。

我們調出了各種對付敵人的情緒，但其實並沒有敵人出現，可是因為我們身上黏貼的那些原則，帶領著我們到處樹敵、到處去評斷與我們無關的事、到處去宣示那些「理當如此」，於是，只要對方不聽話，只要生活不聽話，只要世界不聽話，我們就覺得「有人跟我們作對」。

然而，因為這些我們以為的敵人，根本不是敵人，當然也就無敵可退。我們莫名其妙喚出場的這些應戰的情緒，卡在台上，怎麼退場？

我們趕時間，遇上塞車，於是感覺交通跟我們做對，「交通」就是此刻的敵人，我們喚出了焦慮、喚出了生氣、喚出了怨氣，然後呢？「交通」這個敵人要怎麼打退？要怎樣才能跟「交通」討回一個公道？

我們宣布：我家的孩子，考試要前十名，聘金要一百萬……憑什麼？我們任性喚出來的自尊、期待，魯莽上場，呆立原地。

我們宣布：粽子必須是鹹的，那麼天下這許多賣甜粽子的店、吃甜粽子的人，我們是要關了他們的店呢？還是縫了他們的嘴？這些隨便出場，無從收拾的情緒，除了堵在我們自己的胸口，還能去哪裡？

不知從哪來的情緒，就一定不知往哪去；不知為什麼而來的情緒，就一定不知要拿什麼去消化。

這些沒完沒了的「應該」，都是哪裡來的？

如果這些「理所當然」大多未經檢驗，來路不明，為什麼還把它們理直氣壯的貼滿了全身上下，當成我們的標籤、甚至我們的鱗甲？

你是你父母的孩子，這個標籤對很多人來說，一定很珍貴，值得以黃金打造、鄭重銘刻，掛在頸上。可是如果這個標籤被你父母或是你自己看得太重，導致這枚金牌大如門板，掛在頸上，你就是死命的拖，也拖不動一厘米。它成了枷鎖，而不是標籤。

你要做自己，就要讓你自己比這些標籤紙條都重要，讓它們只是點綴在你身上，而不是拖垮你遮蔽你，你珍視的少數幾個標籤，值得好好打造，隨身珍藏，偶爾展示。剩下那麼多別人隨手塞給你的、無助於你做自己的標籤紙條，那就放鬆的看待，恰當的對待，黏上就黏上，掉了就掉了，別用它們來評斷別人，評斷自己，乃至困住自己。

如果真心相信「錢是一切」，那就認真研究它有沒有道理，研究之後覺得有道理，那就認真研究金錢跟自己要建立什麼樣的關係，是要靠它創業？還是要靠它求偶或繁殖？然後把這想法設為目標，一步一步去靠近。

這是你專注研究之後，想要做的「自己」，你經得起內心的自問自答，內心因而強大，你想要的生活，就會在眼前浮現。

如果只是人云亦云的相信「錢是一切」，然後還要分散心思去管盡天下的其他瑣事，罵交通、罵天氣、罵明星、罵別人修圖修太多、罵別人不懂粽子的好壞，那怎麼可能還有餘力弄清楚我們要做的「自己」，到底是什麼樣的自己？

我的工作，使我常常接觸演藝界的明星。明星當然是依據大眾的評斷而存在的一種身份。但在這麼多的明星裡，有些人能夠「明白」自己想要的生活，以「恰當」的程度，去接收大眾的評價，然後「一步一步」的靠近自己的目標。這些明星未必是最紅、最受歡迎的，但比較可能是明星之中，內心比較寧靜平衡的。

你經得起內心的自問自答嗎？

做情緒和感覺的主人，而不要被情緒和感覺牽著鼻子走，這不是空話，這可以一步一步做到。

辨識情緒都從哪裡來？它們來做什麼？它們來了以後，我該怎麼辦？要把它們各自安放回去時，該放回哪裡？這就是我建議的情商。

培養情商不是為了做生意，也不是為了受歡迎，那些都只是順便跟著來的東西。

情商的唯一價值，也是它比智商重要的唯一原因，是探尋情商的過程，就是探尋自己的過程。所謂的「心」，雖然抽象，但真的存在，而且就是我們賴以度過一生的依據。

智商不是智慧，智商有可能使擁有者更焦慮、更辛苦，而不一定能得到自由與幸福。智商沒辦法處理「心」的事情，智慧才可以。而智慧的基礎，是「明白」。

世界充滿了與我們無關的事，但「心」的每件事，都與我們有關。
世界永遠不會屬於我們，但「心」永遠屬於我們。
世界的強大，可能更令我們感受不到自己，但「心」的強大，就是我們的強大。

我們有「心」，這是很大的禮物。越大的禮物，越要好好享用啊。
情商就是幫助我們認識這份禮物、打開這份禮物、享用這份禮物的鑰匙。
生命沒辦法給我們更大的禮物了。

即便全世界都替我貼了標籤

我的標籤只有一個

那就是我的名字

Michael Jackson

2.

面對自己的「感覺」，好像很害羞又很沒面子？

我們不喜歡承認我們有感覺。我們吃麵時會說「好燙」，吹了風會說「好冷」，但就這樣了。我們愛或恨某些人，往往一輩子不說；我們寂寞或痛苦時，習慣忍住說「我沒事」。我們忽略自己、背對自己，卻同時緣木求魚的想要做自己。

之前有位老闆，創了一個「無人商店」。當時「無人商店」還很罕見，引起了不少報導。有位記者依照慣例，在街上攔住了一位大媽，問她對無人商店的感想。

「無人商店？商店都沒有人？那店不就要倒閉了？」大媽說。

「這位大媽，是沒有請在店裡工作的人，不是沒有客人。」

「沒有請工作的人？那這個店省了好多成本啊，東西比一般的店便宜很多嗎？」

「這個……不是這家店的重點啊，大媽……重點是，這是一個新的改變啊。」

「這世上改變可多了，一有什麼改變，我就要有感想，那我太忙了，感想不過來啊。」大媽說。

「這麼大的改變，您還沒有感想？」記者說。

「再大的改變，如果不是讓我們變幸福，我就沒有感想。再小的改變，如果是讓我們變幸福，那我當然就既有感，又會想了。」

是啊，這世上每秒都有改變，大部分不會令我們更幸福，也不勞駕我們有感想。倒是有一種小改變，如果發生了，雖不會有記者來報導，也沒辦法發行股票上市，但跟那些世上值得報導的大改變不一樣。這個小改變，是會令你幸福的改變。

我在節目中訪過許多聖賢豪傑、賢愚不肖，大家各有願望，唯有一事相通——大家都想做自己。

包括正在看這本書的你。

「長恨此身非我有」，那是我們最大的痛苦。此身，如果能夠是「我有」，就好了。

但「我」是誰？

我，就是我所有的感覺吧。

不少科幻故事都講過這樣的案例，如果你保有身體，但體內裝的是別人的心靈、別人的思緒感覺與記憶，那你就不算存在了。相反的，如果你的感覺與思緒，被保存在飯鍋裡，再用一堆液體和線路，讓感覺與思路繼續活躍，你就會相信自己仍然存在（只是沒辦法親口咀嚼炸雞，另外還要防止你媽順手按下飯鍋開關把你燉成腦花粥）。

哲學家休謨（Hume）聊過這件事。所有的感覺來來去去、永無休止，當這些感覺像各色絲線被束成了一簇，那一簇感覺，就是那一秒我們能夠感知的「自己」。（情緒的「緒」字，就是絲線啊。）等到了下一秒，這一簇感覺裡的成分，有了些變化，我們還是能夠感知當下的「自己」，只是跟上一秒的那個自己，不太一樣了。

然而情緒與感覺這樣的變化，太亂又太快，腦子趕不上心，來不及追蹤辨認，只會覺得思潮起伏，思緒紛亂。

所以我們才會一方面很確定有這麼一個「自己」，一方面又常常覺得「自己」怎麼老是變來變去，還常常自相矛盾，一下好想戀愛，一下又好想一個人過，一下想成功賺大錢，一下又想偷懶當廢物。

我有位朋友，是個喜歡研究佛學的明星，他告訴我：佛經講我們人類存在的基礎，叫做「五蘊」。

五蘊是這五個：色、受、想、行、識。

「蘊」是什麼意思？「蘊」剛好很像休謨說的「簇」。累積與聚合，叫做「蘊」。會積就會滅，會聚就會散。

所以，「我」是每秒都在變動的，因為感覺是每秒都在變動的，此起彼落，生滅聚散。（善哉善哉，幸好這位明星不是唐僧，不能用緊箍咒拴住我，他每次講到興起，我就趕緊跳起來說：「為您準備了紅酒，還沒開，我這就去打開，讓酒可以醒一醒。」然後我就開溜去開酒，讓酒醒一醒，也讓我自己醒一醒。）

如果我們認真想「做自己」，我們首先要真心的面對這件事，就是「我們的感覺」。

要真心面對自己的感覺，對很多人來講，好像會害羞。因為其實我們不喜歡承認我們有感覺。承認自己「有感覺」似乎很脆弱、有點沒面子。我們吃麵時會說「好燙」，吹了風會說「好冷」，但就這樣了。我們愛或恨某些人，往往一輩子不說；我們寂寞或痛苦時，習慣忍住說「我沒事」。我們人云亦云的推崇樂觀，根本不管硬撐的樂觀要付出什麼代價；我們也盲從的逃避悲傷，根本不管悲傷在關鍵時刻有多麼重要的作用。我們常常瞧不起自己，又常常對自己生氣。我們什麼都想要，可是一旦要到了，又立刻覺得不夠。

這樣的我們，對自己的各種感覺，習慣不觀察、不面對、不拿捏、不安置。我們忽略自己、背對自己，卻同時緣木求魚的想要做自己，這如同一邊吃消夜，一邊把體重計一腳踹到角落去再丟塊毛巾蓋住，卻幻想著人魚線與馬甲線。

如果我們開始學著面對我們的感覺、進而能夠恰當的拿捏我們的感覺，我們的內心一定會開始一步接一步的改變。

這樣的改變，新聞無從報導、路人不會圍觀，但之前被記者攔住的那位大媽，應該會豎起大姆指說：這改變才叫了不起，因為改著改著，會就此變幸福啊。

否定自己的感覺，不承認，不面對，
就像一邊吃消夜，一邊把體重計踹到角落去。

(老娘在不爽)
?
(莫名奇妙)
(快不爽完了)
...
(到底干我屁事)
(好多了)
(好餓)

3.

獨處，一點都不孤單，還很有趣

我們的心靈，不是通道，任由各種訊息與感覺穿過來又穿過去。關上門，空間才會出現。這是要安放重要記憶與感情的地方。

有次去東京找一家店要買球鞋，花了不少時間找路，等我找到這家店時，店剛好不巧已經到了打烊時間，我當然不死心，上前詢問正在關店的店員。我不通日文，只好用英文問。

「今天已經關門了嗎？」

店員苦笑的用手比了個叉叉，她的英文不太靈，回答很生硬。

「今天關門了。」店員用英文說。

「那麼，明天呢？」我問。

店員又比出叉叉的手勢。

「明天，關更多。」她說。

我愣了一下，推測她想講的意思是：「明天，也關店。」只是她把「也」的英文，跟「更多」的英文弄混了。

這是個有趣的文法錯誤，使我一直記得「明天，關更多」這個說法，覺得耐人尋味。

門呢，要不就開著，要不就關上，關上以後，還可以「關更多」嗎？

我有個朋友，是個明星。雖然漂亮，但很煩人，吐不完的苦水，所以她約我吃飯，我都是能免則免。某天，她傳訊息來。

「今天一起吃飯吧，好久沒聊天了。」

「今天關門了。」我回。

「那麼，明天吧？」

「明天，關更多。」我回。

「什麼叫『明天關更多』？你也太不把女明星當回事了。」

「你也不該把明星當回事。真正野生鱘魚的魚子醬很難得，但野生鱘魚也沒把自己當回事。」我回。

「嘖。我就想找你陪我罵幾個爛人啊！」

依據情商的原則，我不應該把愛吐苦水的人，稱為「負面的人」，這種說法等於根本的否定一個人。應該說成：這人並不負面，只是常用負面的態度，看待別人與自己。（有點囉嗦，但這就是跟自己抬槓的精神啊。）

但不管我用什麼說法，我就是提不起勁陪她罵人。倒不是我不愛罵人，而是她的罵法重複沒創意。她很喜歡泡在自己的苦水裡，彷彿苦水是她的熱水澡。

我以前以為心理醫生在醫治憂鬱症時，是把憂鬱給拔除，再把患者用正面力量給武裝起來。這是一個誤會。

心理學家赫許費爾德（Hal Hershfield）與艾德勒（Jonathan Adler）一起調查了四十七位憂鬱症患者接受心理治療的過程，他們很意外的發現，這些患者並沒有減少憂鬱，只是變得能夠面對自己的憂鬱。也就是說，本來喪失胃口與味覺的人，漸漸嘗得出苦與甜，而不是被弄成只嘗得出甜，卻嘗不出苦。

培養情商時，怎麼面對各種負面情緒，會寫在這本書的其他地方。這裡我想先跟你一起試試，要開始面對自己的感覺的第一步：練習關門。

我們常聽人喜歡勸別人：「你要把心打開。」卻從來沒聽過有人勸別人：「你要把心關上。」

這不合理，門要是隨便打開，豈不是什麼亂七八糟的東西都可以跑進來？

別忘了有時要選擇把內心的門關上，這是一種能力，說穿了，就是跟自己相處的能力。

如果有門，卻只開不關，那要門做什麼？直接挖一個洞就好了。我們的心靈，不是通道，任由各種訊息與感覺穿過來又穿過去。關上門，空間才會出現，這是要安放重要記憶與感情的地方。

獨處的能力，是使我們與別人不一樣的關鍵能力。

跟別人相處時，別人會帶來各種隨機的刺激，迫使我們用各種情緒去反應。不管是在咖啡廳聽到播放的音樂或隔壁桌客人的聊天，在馬路上逛或是網路上逛的遊目四顧，我們的情緒都會有反應。當我們開著門，就任由各種雜亂的事，來佔用我們的注意力，耗費我們的情緒反應。

或許就有人喜歡被包圍在這些雜訊裡，因為這樣就不必去辨識自身的情緒，不必面對自己。像張愛玲在《封鎖》這篇小說裡的描述：交通被封鎖的電車乘客們，手上有報的看報、沒報的看名片、看招牌，以免腦子會活動起來。

如果害怕腦子會動起來，卻竟然還幻想要做自己的人，那很可惜這本書不是為你寫的，你應該去找教人製作木乃伊的教室報名。因為你要做的，不是活生生的自己，而是一個幻想中的自己的標本。

跟自己相處，並不孤單。反而是跟無聊的人勉強鬼混，才容易感覺孤單。獨處不是要我們面壁打坐，我們可以挑選自己感到好奇的書或電影，當成我們跟自己相處的催化劑，類似「舉杯邀明月，對影成三人」裡面的「明月」吧。

為什麼一本好書、一部好電影，常被稱讚「啟發人心」？因為當我們心靈貧乏，沒辦法自行產生能量時，藏在書裡電影裡那顆豐富的心靈，會不斷催化我們，對生命誕生想像。

很多人都說過這些話：「我其實搞不懂我自己。」「不要說別人不了解我，連我都不了解我自己。」

這話聽起來是煩惱，但其實是樂趣。我們相處最久的人，一定是自己。如果我們一出生就附著操作手冊、易拆易懂如吸塵器或果汁機，會是何等無聊？

又想做自己，又害怕動腦子，不如當個木乃伊。

網路上有很多題目有趣的心理小測驗：「走進古堡，桌上有盆花，你看到的是什麼花？」「進了空的電梯，你會站在哪個位置？」「在森林遇到一隻動物，是什麼動物？」

不少人會順手做一做這些小測驗，看看準不準。有時還真被說中一點，就順水推舟的心中小小一驚~「原來我是這種人」「原來我有這一面呀」。

人最有興趣、又最沒把握的，就是自己。

我們對自己有最多的要求，也同時有最多的猜疑。

而獨處，是我們好好跟自己相處的唯一機會，藉由所看、所讀、所想、所問，一步一步的明白自己。

現在，就來想想你要舉杯邀明月，對影成三人的話，你想邀的，是來自哪個人生角落的哪個人物呢？最好選一個人物，是你覺得跟你某方面有點像，或是這人竟然做了某些你很想做，但還沒做的事。你想到了誰嗎？某位俠客？某個運動員？某個很宅的巫師？還是某個八面玲瓏的媽媽桑？

把這個人物邀來，在你與你自己相處時，可以聊這個人物哪些地方跟你很像，或是這人做了什麼事，是你想做還沒做的，為什麼對方做了，你卻還沒做呢？就當作聊八卦吧，聊你自己跟那個人的八卦。當成功課就容易疲倦，用聊八卦的心情，反而比較起勁。

對了，除了對照那個人物，來探索你自己之外，你應該還會注意到：為什麼故事裡的人物，比我們這些現實世界的人，效率高那麼多，言出即行、說做就做：原因很簡單，第一，他們比我們專注，他們背後的編劇，不會讓他們沒事就看手機、費神評斷天下大小所有事。

第二，他們存在的時間，比我們短很多，一部電影大概九十分鐘，就算哈利波特連拍八部，也就存在不超過二十個小時，所以他們必須高效率的說做就做，然而，比起他們來，我們存在的時間，難道就是無限的嗎？

舉杯邀明月，對影成三人，
你想邀的是誰？

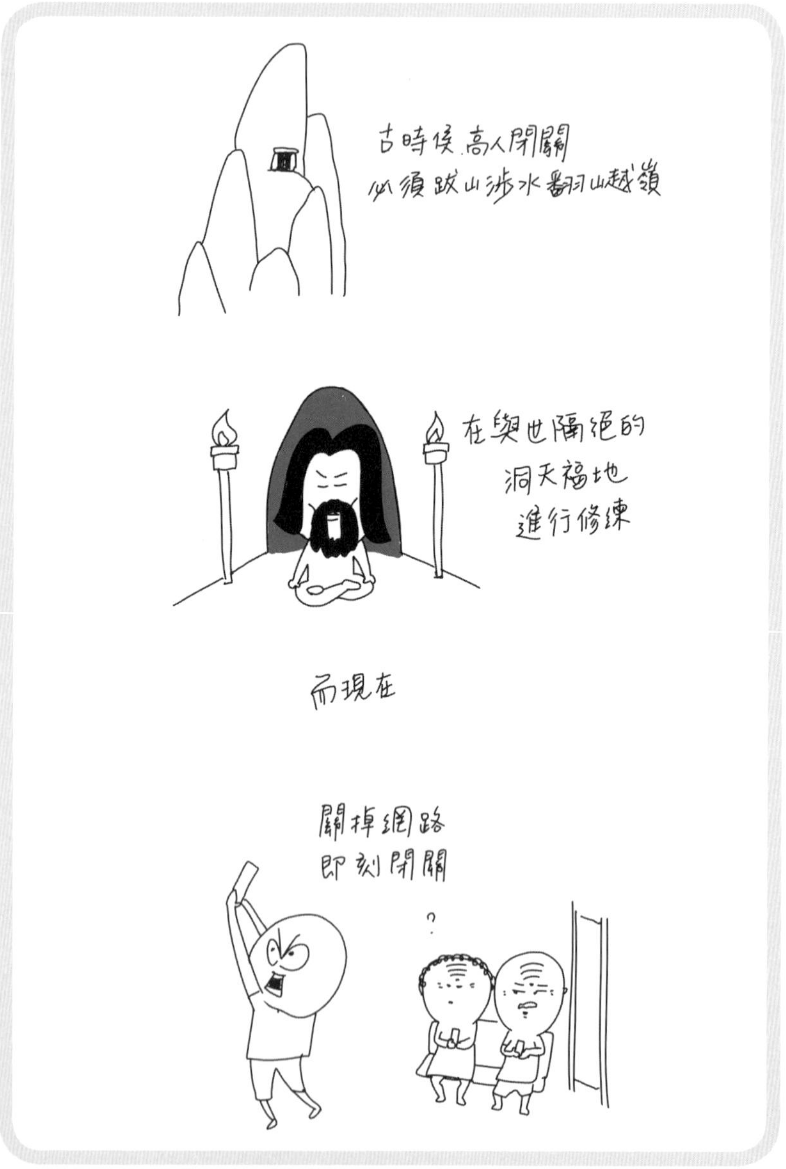
古時侯.高人閉關
必須跋山涉水翻山越嶺
在與世隔絕的
洞天福地
進行修練
而現在
關掉網路
即刻閉關
?

4. 當局者迷時，要祭出分身大法

當你對現在選的方向很不確定時，
派你的分身去看看三年後的你，在過的是什麼樣的生活，
用那個來校準你現在的方向。

有些朋友是對方找我，我只想躲的。當然也有些朋友，是我找對方，對方卻懶得理我的。

有位朋友，依照本書慣例，是個明星，而且是仙女系的明星。她每次拒絕我的說詞，都別出心裁。

「明天出來吃飯吧。」我約她。

「我好高興你約我啊！但是，明天是我閉關的獨處之日。不好意思了。」

竟然用獨處為理由來拒絕我。

「我懷疑你的獨處，只是把自己關在家裡鬼混而已，根本沒有什麼成果。」我說。

「獨處要什麼成果？」

「分身啊，獨處要培養出一個分身吧。不然，我們明天各自閉關，然後來約後天見面，聊聊彼此的分身各是什麼樣子吧。」

「什麼分身？我又不是火影忍者，哪有什麼分身啊?!」

「你明天閉關獨處的時候找找看，你那麼聰明，一下就找到了。」我回她。

關於「分身」，我一直抱有幻想。

小時候看《封神演義》，看到那麼了不起的神仙們，起了爭執竟然不拚智慧、不拚修為，而是捲袖子動拳腳，當時雖然覺得這樣鬥毆未免也太街頭，但還是看得眉飛色舞。看到老子大戰通天教主那仗，老子使出一氣化三清，一個人分成了三個道人，圍毆通天教主。老子的這三個分身竟還長得都不一樣，令通天教主邊挨揍邊納悶什麼時候江湖上蹦出來這麼三個高手，以他的資歷竟然一個也沒見過。

後來在文學或漫畫中，分身就越見越多，我最喜歡的小說家之一埃梅（Marcel Ayme）有個短篇，講一個很一般的女生，因為日常生活越來越忙，默默的變出越來越多分身，各自去忙各自的事。

沒事養個寵物固然很好，但若養個分身，不但不必為它撿屎，在重要時刻，還能發揮奇效，只要你能樂在其中的養它，而不是避之唯恐不及的躲它。

閉關前的我
還是為了世俗紅塵
分身乏術
修練出關之後
分身法術

沒錯，分身雖然只是幻影，但我常常依靠我的分身度過難關。養分身聽起來也許詭異，但請把你的分身想成溫暖陽光版的你，而不是七孔流血、臉泛綠光的你。

在寫《說話之道》時，我沒有提到關於分身的事，因為說話這件事，完全不缺演練的機會與對象，反正每個人每天總是得說上幾句話。

但《說話之道》裡講過一個簡單卻重要的原則，就是試著站在對方的立場，聽聽我們說出口的話，看看我們聊天時是否在乎對方、能不能由聽者的表情察覺我們是否鼻毛外露牙齦沾了菜渣或有口臭……等等。

說話是說給別人聽的，所以站在別人的角度來看自己的表現，是理所當然的訓練。自拍這麼方便，要透過自拍看到自己說話時什麼模樣，也很容易。

然而，要鍛鍊強大的內心，自拍就拍不到了。我們要練習去察覺的，是自己內心紛飛如雪、來去如浪、此起彼落的感覺、念頭、情緒，這種事想要找到恰當的練習伙伴，在學校社團或健身房內，都找不到的。

再怎麼親近的朋友，都不可能自在的彼此坦露心中的情緒，畢竟不同於兩隻猩猩互捉身上的蝨子。

情商，從頭到尾就是一件自己對自己的事。如同每晚我們睡著，都是一個人入睡；

作夢，都是一個人入夢；肚子餓或肚子痛，也都是一個人餓、一個人痛。人生最根本的事沒什麼可以賴給別人，都是自己經歷、自己得失，只是我們有時候喜歡幻想別人能分擔很多事罷了。

培養一個陽光又冷靜版的分身，根本是你從小玩各種想像遊戲時，就已經會了的事。只是我們大概把分身只當是幼時的玩伴，沒想過要廝守一生、委以重任吧。

其實，既然我們在成長，我們的分身當然也會成長的。

在獨處時，我喜歡請出我的分身。他可以陪我做這幾件事：

我的分身可以觀察到此刻的我，有沒有在向我想要的生活靠近。如果沒有，他可以問我：「怎麼了？」「為什麼？」

另外，在我很無力，快要撐不過去時，我會拜託我的分身，替我到一年後、三年後、或十年後，去看看我的生活。

這個陽光冷靜版的我，去幾年之後看了幾眼再回來，他會告訴我，幾年後的我，還是活著，又在煩惱別的事，表示眼前的無力與困頓，並沒有嚴重到會殺死我。

然後我就會略為鬆一口氣，知道人生終究會繼續。

當然，如果他去看了幾年之後，回來告訴我，我到時已經不在了，那也還是能提醒我更珍重眼前，因為眼前可能就是僅剩的時光。這也能促使我鄭重面對此刻的一切。

我期望我這個分身，除了陽光，也有冷靜的一面，所以如果我眼前過於得意，他也不忘去幾週或幾個月之後，替我看兩眼，然後回來告訴我，我眼前得意的事，過幾週根本就沒人記得，也對一切毫無助益，所以得意一下已經很夠了。他的掃興，可以提醒我拿捏恰如其分的情緒。

沒錯，我期待他掃興。掃興是接受失去，邁向平靜的重要練習。

每個人八卦別人的是非時，都非常英明，確實證明了當局者迷，旁觀者清。所以，當我們這麼容易成為入迷的當局者時，培養一個我們信賴的旁觀者，也就是我們的分身，既方便，又隨傳隨到。

哲學家愛比克泰德（Epictetus）在一千多年前說過：「先對自己說，你將要成為什麼，然後再告訴自己，必須要做什麼。」

當你對現在選的方向很不確定時，派你的分身去看看三年後的你，在過的是什麼樣的生活，用那個來校準你現在的方向。

自言自語，自說自話，自問自答，在大驚小怪的人群眼中，被當成一個人有毛病的癥兆。

然而所有努力要越活越明智的人，每個都是一路自問自答而成長的。

所有能夠寫出書的人，也都是一路自言自語、自說自話，才把書寫出來的。

這些人自言自語時，是他們正在與一個溫暖版的自己訴苦，正在與一個雄辯版的自己爭論，或者，正在與一個耐心版的自己核對，正在與一個狂野版的自己共舞。

我們如果拒絕分身，孤身陷在現實的每日生活裡，就會陷在過往的經驗裡，也陷在既定的人際關係裡。我們很難跳脫此時此地給我們的很多限制。

我們想錢想瘋了時，會利令智昏；我們還會被愛沖昏頭、被怒火煮沸了腦、被欲望吞掉了心。

我們會一再掉入自己的各種當局者迷，身邊無人提醒。

獨處沒什麼神祕，也沒什麼高貴，我自己獨處時，有時也只是在鬼混、在發呆。如

八卦別人的是非時，都非常英明，
這就是當局者迷，旁觀者清。

果能夠把培養分身、進而與分身相處，當成是獨處時的重要活動，這樣的獨處，絕對比出去跟無聊的人社交，有意思多了。

分身不能替你去考試或買泡麵，但它是掌握情商的祕密配備。怎麼樣，你考慮為自己培養一個什麼版的分身呢？比你放鬆的？比你強悍的？還是比你愛思考的？

先開始培養吧，反正耐心的一步一步來，它會漸漸長成你需要的類型。

5. 讓分身問你「為什麼」，事情會變得不一樣

根據不知哪裡吸收來的、亂七八糟的想法，就胡亂把自己丟到「活不下去」的情緒裡，這是在唬自己、混亂自己，而不是做自己。

「你說，我們可以好好栽培一個『分身』，跟我們自己一問一答？」我朋友問。

我今天只是忽然很想吃油潑麵。結果我朋友卻訂了一個包廂，訂包廂吃油潑麵真的小題大作，但我體諒他這陣子挺紅的，不在包廂吃的話，被其他客人發現了，他就不免要一直合照，而吃油潑麵又不方便戴著口罩吃，所以還是乖乖在包廂吃吧。

本來可容納三十人的包廂又大又華麗，裡頭只坐我們兩人，對著兩碗油潑麵，簡直像是要對這兩碗麵進行召靈的儀式。

「等一下點瓶年份老一點的酒，不會讓店家虧到這個包廂的成本就行啦。」他說。

「如果有一天，你隨便進一家店摘下口罩吃麵，卻沒有任何人找你合照，你能適應嗎？」我問。

「到時候才知道吧。也許會很開心，同時又很失落。」他說。

「失落什麼？」

「就不紅了吧。」他說。「到時候也不會有什麼主持人要訪問我了，我應該也只好乖乖找我的分身出來，像現在你跟我這樣一問一答，對吧？」

「那樣很好啊。平常我們腦中的自問自答，都很混亂。看到路邊一輛跑車，就不免自問自答：『這輛要三百萬吧？』『不夠吧。』『我是不是也該買一輛？』『但我常常要載我媽，跑車不適合。』『又買車，媽媽會罵吧？』『媽媽最近一天敷三次面膜，她怎麼啦？』『如果老媽這次交的男朋友，又跟上次那個騙子同一類，我會昏倒吧？』……平常我們腦中此起彼落的自問自答，大概就是這麼混亂。」

「我沒有再買跑車了。我媽最近也沒交男朋友。」他說。

「我知道啦，我只是隨便舉例。」

「難道，我們的這個『分身』，跟我們一問一答的時候，就不會這麼混亂？」

「可以練習。就像你如果摩擦神燈，召喚了燈神出來，燈神會要你專注的對人生許三個願望，不會跟你瞎扯你媽交男友敷面膜的瑣事啊。」

「所以，我們栽培的這個分身，一定要比我們本人專注？」他問。

「是，要比我們本人專注。你不希望你的分身對什麼事都感興趣。這個分身最好只在乎很少的事。」

「這個分身，要不要比我們本人聰明？」他問。

我嘆一口氣。

「我也希望分身比我聰明啊。但他就只是我們的分身，能夠比我們本人專注，就已經謝天謝地了，不太可能比我們本人聰明吧？」我說。

「對，不可能比我們聰明。」他笑了。「但，可能比我們目標清楚吧？」

我想了一下。

「嗯，他比我們專注，比我們置身事外、旁觀者清，就有機會比平常混亂的我們目標更清楚。大家通常喜歡講『夢想』，其實改成講『目標』，會更真實。」

有些人的分身，是班納博士自己變化而成的綠巨人浩克。有些人的分身，是二郎神楊戩養的哮天犬。我想像中的理想分身，比較接近鋼鐵人史塔克的人工智能管家賈維斯（Jarvis）。

賈維斯碰上主人很固執的時候，一定任由主人為所欲為。畢竟那是他的主人。主人可以無視賈維斯任何理性的建議。每當這樣的時刻來臨，鋼鐵人就顯得特別俠氣、特別熱血。他是被創造出來的救世英雄，不能太理性，太理性的話，故事會很難看。

如果情商漸漸變高，有一天我們可能會忽然領悟：分身所表現的專注與節制，其實就是我們在日常該秉持的專注與節制。

分身只要養成一個簡單的習慣，不斷的問我們這三個字：「為什麼？」這樣就已經很強大了。

當然不是像七歲小孩那種煩死人的「為什麼」：「為什麼媽媽會生小孩？」「為什麼小狗會叫？」「為什麼爸爸是男的？」「為什麼買麵包要花錢？」……不是這種令爸媽崩潰的「十萬個為什麼」。

我們的分身，適合在情緒的狂潮襲來時，冷靜而友善的問我們「為什麼」：

「我男朋友離開我了，我活不下去了。」

「為什麼？」分身問。

「什麼叫做『為什麼』?!他是我的命啊！」

「為什麼?他為什麼是你的命?有的人，男朋友走了，她們立刻約好姊妹喝酒慶祝呢！」分身說。

「她們是她們，我是我！我怎麼能沒有愛情?!沒有愛情會死啊！」

「為什麼會死？」分身說。

「你……?!跟你根本講不通啊！你沒看過電影嗎?!你沒聽過那些情歌嗎?沒有愛情怎麼活?!」

「我看過電影呀。經典愛情片《鐵達尼號》的男主角死在海裡時，女主角十七歲，然後女主角繼續又活了超過八十四年喔。後來她都一百零一歲了，還有力氣爬上船，有力氣把好大顆的傳奇鑽石，丟到海裡去呢。很多人失去愛情時都以為要死，但都不會死的，放心。」分身說。

「你什麼都不懂，你給我滾遠點！」

「我是你的分身，滾不遠。」

「那你到底想怎樣?!」

「我要你承認，你剛才講的，沒有愛情就活不下去，是人云亦云，隨口亂說的。」分身說。

「我沒有亂說！我是真的很難過！」

「那你就說你很難過，可是不要說你活不下去。」分身說。

「有差別嗎？」

「『很難過』跟『活不下去』當然有差別。一個到這裡，一個到那裡。」分身用手比劃了一下。「情緒要恰當，才不會糊塗。一味的誇大其詞，整個人一定很混亂，考試考壞也說想死，投資賠錢也說想死，這樣各種目標亂成一團，想專注也不知要專注什麼事。所以，難過就說難過，別誇大成想死。」分身說。

「我覺得你煩死了。你該滾回哪，就滾回哪去待著吧。」

於是，問答告一段落，分身滾回它原來的角落。

好！我走！
不要後悔
要走快走
快關門 冷氣都跑了
也不要拉我！
我走就是了
啊？…

表面看來沒進展，但事情會一步一步，變得不一樣。
因為，心會改變。

分身說：失去愛情時都以為要死了，
但都不會死的，放心。

6. 稱職的分身，不會讓你討拍取暖

人生的各種不滿，最好都能恰如其分的應對，以免珍貴的意志力，被毫無章法的揮霍掉。

根據不知哪裡吸收來的、亂七八糟的想法，就胡亂把自己丟到「活不下去」的情緒裡，這是在唬自己、混亂自己，而不是做自己。

內心混亂的人，立志要做自己的時候，會弄不清楚要做的那個自己，到底是什麼樣的。

前幾年，我被找去參加一個辯論型式的節目，節目的導演告訴我，他念中學時看過我以前一個處理兩代差異的節目，所以知道我有受過一定的辯論訓練。

我在學校被指定參加辯論賽時，並不喜歡辯論賽，覺得跟人鬥嘴，輸了或贏了都沒太大意思。

一直到這幾年，我在跟我的分身鬥嘴時，我才比較認同了辯論的意義。

當我說不過我的分身時，當我的分身問我「為什麼」，而我卡住，進而惱羞成怒，叫我的分身「能滾多遠就滾多遠」時，我知道我不是鬥嘴鬥輸，我是根本沒有好好質疑過那些因為人云亦云而鑽進我腦中的想法。

如果我質疑過，然後是真心相信那些想法，我再怎麼不會辯論，再怎麼結結巴巴，也還是能夠回答分身問我的「為什麼」。分身不會笑我口拙，四下也無觀眾，問答只是問答，沒有勝負要爭，這不是為了比賽，不是為了面子，只是為了弄清楚自己所起的情緒從何而來？恰當嗎？值得嗎？是明白自己的生活目標，才產生的情緒嗎？

稱職的分身，不會為了人情世故講場面話，不會跟我們相抱取暖、和稀泥。

「我的鼻子好塌，我不想活了。」

「為什麼？」分身問

「你看我鼻子塌成這樣呀！怎麼活?!」

「為什麼鼻子塌不能活？吸不到空氣嗎？」分身問。

「你根本什麼都不懂，快滾吧你！」

這種時候，會相抱取暖的恐怕只能是另外一位嫌自己沒下巴或臉太大的人，然後兩人可以一起覺得長成這樣活不下去，甚至否定自己的人生，但其實何必動用這麼大的情緒來混亂自己呢？如果想整型，可以恰當的、理性的計畫，不然恐怕就會引發一波接一波越整越兇停不下來的欲望……

人生的各種不滿，最好都能恰如其分的應對，以免珍貴的意志力，被毫無章法的揮霍掉，很可惜。

像我在寫這本書時這樣，一字一句的解釋著我所相信的事，每解釋一遍，我就多一次機會確認，我這麼想到底有沒有道理，值不值得真心相信，抑或只是人云亦云，或只是在講風涼話。

現在，就來想一個你一直隱隱約約不太服氣的大道理，可能是「男大當婚女大當嫁」，可能是「好馬不吃回頭草」等等。

選好之後，喚出你的分身，讓分身問你「為什麼」，你試著回答看看。如果一下就卡住，那表示你根本不信這個大道理，你也不該為它起太大的情緒。

你可以更用心，去尋找更值得你信賴的、更適合你的、別的道理，你會成為一個心中更「明白」的人。

PART-2

「自己」很抽象，卻也如此扎實與重要

7. 對自己誠實，不然就等別人來唬你

她在各種情緒中，辨認自己的感受。她願意這樣探索自己的心，因為這比什麼都值得：不探索，就不會明白，心會積灰塵。

我有個朋友，是明星，她很愛進戲院看電影，覺得在人群中才能感受電影該有的氣氛。但她每次跟交往對象去看電影，都會被偷拍，於是她就改成常常約我去看電影。有天我跟她去電影院看電影。她裝備齊全，口罩墨鏡棒球帽都戴了，她如果再加上袖套，我就會很確定我們是要去山上採茶葉了。

電影故事講某任英國女王晚年跟一個印度僕人成為好友，但這份友情過於跨越了階級與種族，引起皇室中很大爭議。女王雖貴為帝國之至尊，卻連這麼一份單純自在的友誼，都難以享有。

電影很感人，我數度濕了眼眶，但還不至於到痛哭流涕的地步。當電影演完，戲院的燈亮起時，我發現我旁邊這位明星朋友哭到一抽一抽的，嚇了我一跳。

她平常很少哭，所以我有點意外。但眼淚這種東西，本來就像是雨天時漏水，不知道會從哪個縫隙滲進來啊。我看看四周其他觀眾都起身走了，應該是沒有人在偷拍她，就任她坐在原位哭一下，感覺自己好像不該完全沒反應，就遞了面紙給她擦眼淚。

「你哭好了，戴上口罩，我們再出去吧。」

她點點頭。

「我哭得很誇張喔？我自己也沒想到。」

「哭也不用預先想到吧，又不是生孩子。」

「你都不問我幹嘛哭成這樣？」

「我是來看電影的，又不是來訪問你的。」

「你問了，我也不會跟你說。」

「那就別說，我們去吃飯吧。」我說。「電影裡的女王好會吃。」

後來我們就去吃飯了。過了兩天，她傳訊息給我，把她哭的感覺告訴我。

「那天回家以後，我在想我看完電影是在哭什麼？我本來以為是感傷的眼淚……」

這位女星走紅快十年了，三年前她交往過一個朝九晚五的上班族，當時被報導出來之後，男方似乎在公司受到了不少困擾。我那時和這位女生還不熟，不太清楚詳情，只隱約聽說他們沒多久就分手了。她現在發來的信息，竟然和她這段往日戀情有關。

「回想與上班族男士交往的當時，我們確實感受到來自周遭的壓力，但我們陶醉在愛情裡面，對抗這樣的壓力，反而很熱血，所以，我理所當然的以為，當我看到電影中女王與僕人為了友誼而對抗外界時，我是回想到了當時的辛苦，而流下感傷的眼淚。但妙的是，人騙不了自己。當我判定這就是感傷之淚，而加以結案時，我心裡知道，感傷之淚不是這樣的。我的痛哭裡，沒有欣慰，只有後悔。」

我很驚訝她講得這麼詳細，雖然工作上我常聽祕密，但沒事要聽別人的祕密，還是很有壓力，類似被莫名致贈了一張昂貴又用不到的會員卡。

「我後來和那位男士分手，大家都以為是外界所說的眾人目光的壓力，但根本不是的。分手是我提出的，我發現自己剛開始時純粹是一時興起，交往一陣子之後，很快就發現，我們兩個人的世界真的差距很大。於是我就順水推舟，用外界的眼光當成理由，跟他分手，但我感覺得出他其實知道是我玩膩了。我到現在都還記得他明明受到傷害，還是努力擠出了溫暖的微笑，謝謝我給了他一段奇妙的經歷……」

啊，原來是這樣的眼淚。

「我比電影裡的英國女王差勁多了。我流的不是傷感的眼淚。我流的是懊悔與自責的眼淚。」

呼，好長的信息，我看得有點暈。

在我這樣旁觀者的眼中，她就是看電影看哭了。這個哭是難過、懷念、還是激動、狂喜，旁邊的人看不出來。

她在各種情緒中，辨認自己的感受。她願意這樣探索自己的心，因為這比什麼都值得：不探索，就不會明白，心會積灰塵。

也許有人會覺得，辨認自己的情緒，有點麻煩。

但其實可以當成很大的樂趣。愛打遊戲的人，對遊戲中人物使用的各種裝備，如數家珍：什麼盔甲配上什麼兵器，可以有加成的戰鬥力，什麼職業用什麼寶物，才能克制哪一種敵人。一樣的，會做菜的人，分辨各種滋味，當然是樂趣，然後做菜就會勝過其他庸者；善於投資者，能辨認各種不同投資機會的高下之別；精明的律師能巧妙的找出適用的法律條文，找出為當事人辯護的方向。

所有這些能力，都始自辨認的能力。

要做好一個人，當然要能夠辨認當下的自己，正處於什麼樣的情緒，從而漸漸了解自己，然後一步一步的，具備安放情緒的能力。這就是情商。

我手邊有本《情緒之書》，書裡介紹了不同文化的一百五十六種情緒，作者蒂芬妮．史密斯本來是劇場界的導演，後來成為人類情緒史的專家。她在書裡講到，有些文化對某些情緒特別講究，卻又對某些情緒很陌生。

例如：澳洲西部的賓士比人，有十五種不同的恐懼，其中一種恐懼的賓士比語叫作ngulu，指的是：在疑心別人正在找機會對自己報仇時所感受到的恐懼。而我們幾乎每天都會不時感到的「擔心」，在祕魯的馬奇根加人Machi guenga的語言裡，卻竟然不存在！他們沒有字可以描述「擔心」這種感覺。

你能想像你的媽媽跟你大吵一架，氣得衝出家門之後，過了半夜三點還沒回家，你吃不下又睡不著，踱來踱去，但卻沒有「擔心」這個詞可用，而必須模模糊糊用很多別的說法，像是「我覺得可能出事了」「會不會想去做什麼」這些囉嗦的方式，來試著表達「擔心」。

沒有那個字，就會對那種情緒陌生，要花更多力氣去辨認它長什麼樣子。

中文當然也欠缺一些字，比方你送朋友一張門票或一塊蛋糕，你可以簡潔的用一個字：「enjoy」，就表達完了，但在中文，你只能勉強用「享受」這個詞，然後你的表達就成了：「你好好享受這場表演或這塊蛋糕吧。」朋友會懂你的意思，但聽起來就是怪怪的，好像朋友很飢渴的樣子。可能我們的文化比較不重視那種除了玩耍之外、隨時隨地自己找樂子的狀態吧。（但我覺得很值得重視，很值得有一個專用字。）

我這位看電影看哭的朋友，表面上拿我當成說話的對象，但實際上，手機才是她說話的對象。她打好那則信息之後，表面上是發給我，但實際上是發給她自己。那就是她的情緒筆記，記錄她辨認情緒的一步步痕跡。

只要她起心動念，把情緒記下，她就會對自己的情緒日漸熟悉。你可以想像一年前，她可能還不願意面對這份回憶中的罪惡感，現在她透過一部電影、一次落淚，弄清楚了一直窩在心裡的感受，這就是「面對」。面對之後，才可能安放。她這樣就減少了一次對自己的隱瞞或撒謊。她距離那個傳說中的「對自己誠實」，又進了一步。

你要不要也想一下，上次看電影落淚，是因為什麼樣的情節，那個情節對你意味著什麼，才使你落淚呢？

可以拿出手機，寫一篇情緒筆記給自己，也可以寫在這一頁的空白處。體會一下寫出之後，有沒有變得跟自己更熟一點？

少對自己撒謊一次，
就離對自己誠實更進了一步。

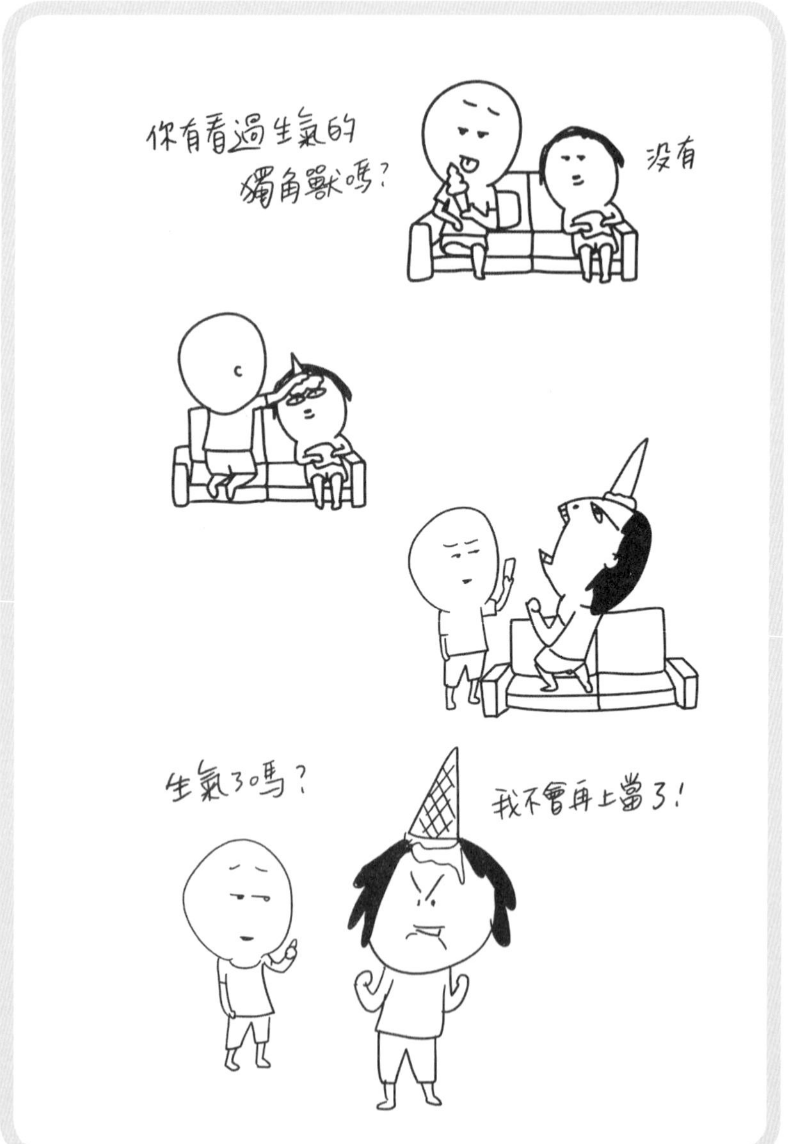
你有看過生氣的獨角獸嗎？
沒有
生氣了嗎？
我不會再上當了！

8. 你是河，情緒是分秒流經你的水滴

如果你一直以來，都嚮往著做自己，卻有點無頭緒，就從這裡開始吧。認識自己的情緒，進而認識當下的自己，然後就能認識長久以來的自己。

很多人都把心情寫了，放在網路上。但大部分放的，是給外人看的，那是你人生的櫥窗，展示的是你想給外人看的那一面。

你也要有一個人生的保險箱，那是留給你自己看的，裡面放的是珍貴的資產——你在人生關鍵時刻的感受，如果不記下來，則日後回憶起來，一團迷糊。久了，就越來越認不清自己。

那個保險箱，就是你的情緒筆記。

如果你有喜歡的朋友或家人，當然也可以邀他們一起來回味某一次情緒經歷。可以當遊戲，也可以當談心，互相提一個問題，聊了之後，一定會促進彼此的了解

與感情。（但當然不表示將來不會疏遠或鬧翻，人生嘛。）

如果一時想不出要聊什麼題目，以下是我的小小建議，可以從當中選一個適合你們的：

．你們各講一位曾經很要好，但後來就漸漸疏遠的朋友，說出疏遠的起源是對方還是自己？如果那個障礙解除了，那份友誼還會恢復嗎？

．你們各講一件最近瘋狂想買，但有點貴的東西，說出到底是真喜歡？還是買下只是為了勝過別人？還是不花這筆錢就不爽？還是其他呢？

我有個朋友，本來是位喜歡追星的人，幾年過去，他現在自己也是個半大不小的明星了。

他有點感慨的，從抽屜拿出以前他找各種明星簽了名的照片、手機殼、紙鈔、內衣、課本、皮帶、衛生紙。很多簽名早已磨損到看不清了，難得他還保存著。

「簽了這些，也不知道幹嘛。」他說。

「拿去賣應該也不好賣了，但也許這就是你後來自己也成為明星的動力來源吧，把它們當成長大過程的蛻皮就好了。」

「你看，還有那時候你來我們那裡的書店辦簽名會，我找你簽的。」

他拿出一本有點破舊的書來，竟然不是我以為的《說話之道》，而是《那些男孩教我的事》。我看到上面只簽了我名字的最後一個字，幸好另外有蓋了個紀念章，起碼紀念章上面有我完整的名字。

「我只簽了一個字。」我說。

「嗯，那天排隊輪到我時，已經半夜一點了，他們說你在座位上簽了十個小時沒有站起來，時間已經拖太晚，所以一律只能簽名字中筆畫最少的那個字哈哈哈。」

「哈哈我記得，當時一邊簽，同事一邊餵食我，只差沒有替我包尿片了。要不……我現在幫你把名字補完整吧？」

「其實我當時，很想要你額外給我題上三個字。」他說。

「哪三個字？」

「『做自己』。」他說。

「沒問題啊，那我現在也一併寫上吧？」

我題上他的名字，也寫上了「做自己」，再把我的簽名補完整。

「所有我簽過的名當中，起碼有近百次，是被要求寫上『做自己』這三個字的。」我說。

「你覺得很奇怪嗎？」

「嗯。」

說。

「因為很多人都做不了自己啊。」他說。

「我知道，我是說，叫我來寫這三個字很奇怪。好像我就做得了自己似的。」我說。

「你夠做自己了吧！」他說。

「哈哈，差得遠了。應該沒人能完全的做自己吧，從國王到乞丐，大概每個人都覺得已經夠委屈、夠妥協了，為什麼這世界還不滿意？」

「所以……做不了自己嗎？」他說。

「有的人做不到，有的人做到了，卻不知道。」

「怎麼可能有人做到了卻不知道？」

「因為根本不知道什麼是『自己』啊。」我說。「你知道嗎？什麼是自己？」

抽象的東西很麻煩，因為摸不到，沒辦法扎扎實實的裝在口袋裡，或嚼兩口吃下去，或者告訴計程車司機它的地址，或者拍張照當證明。

但我們並不起疑，我們向來很篤定的把抽象的事物，當作扎實且重要的事物。我們說「這個人很美」「那個人很壞」「我真的很愛她」「她根本不在乎我」。這裡面的每一樣都是抽象的。「美醜」「好壞」「愛恨」「在乎」，都是抽象的，但都如此扎實，如此重要。

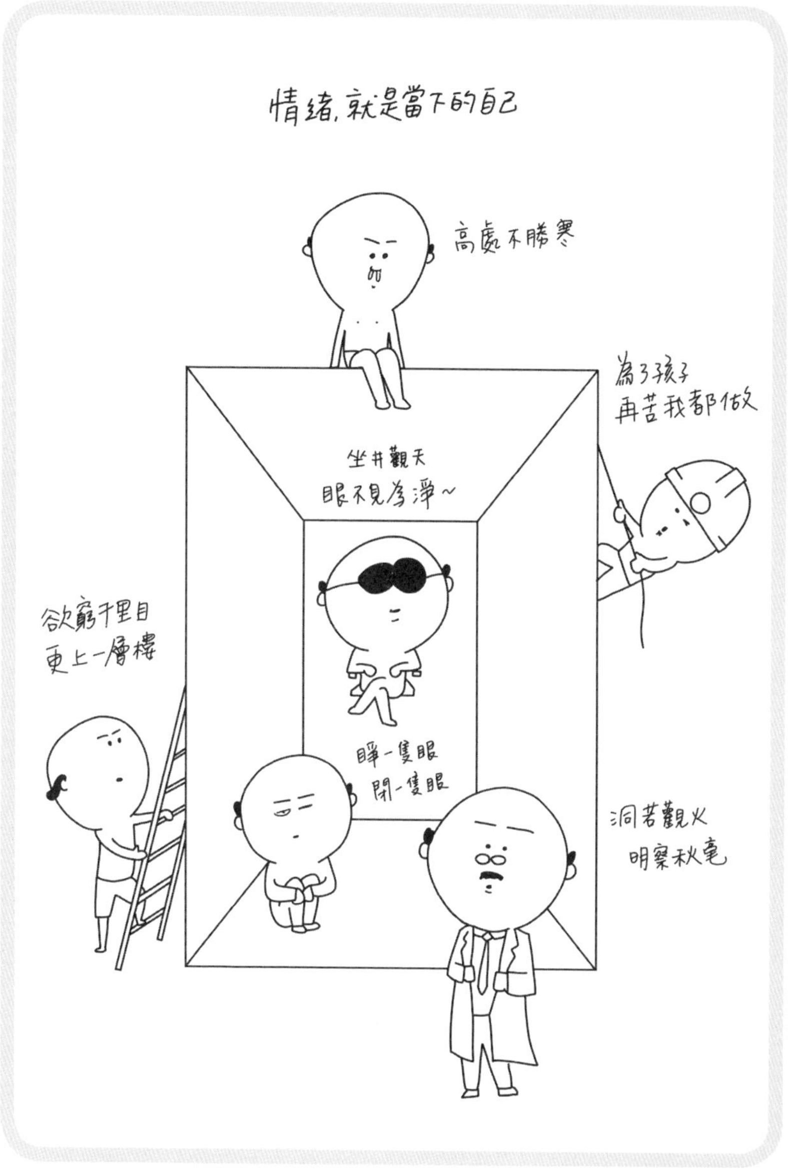
情緒，就是當下的自己
高處不勝寒
為了孩子
再苦我都做
坐井觀天
眼不見為淨~
欲窮千里目
更上一層樓
睜一隻眼
閉一隻眼
洞若觀火
明察秋毫

「自己」很抽象，但也如此的扎實與重要。應該是最扎實，也最重要。

這個「自己」，是肉身與靈魂，而靈魂就是：回憶、想法、性格、感情。

所有的回憶、想法、性格、感情，都是從小到大，一步一步累積而成的，日漸形成我們生命的四條巨大的河流。這四條河流互相交錯，水質也互相影響，這條河清澈，那條河又混濁了，這條河洶湧，那條河又枯竭了。

而情緒是什麼？情緒就是這四條河流之間出現的各種細細的支流、各種波紋、各種水中倒影、各種飛濺的水花、各種流經你的水滴與雜質。

情緒，就是當下的自己。

長期的自己，是肉身與靈魂。當下的自己，是情緒。

知道了這個，「做自己」就不是講空話，不是夢想，而是可實現的目標。

如果你一直以來，都嚮往著做自己，卻有點無頭緒，不知道要從哪裡開始，就從這裡開始吧。

當下的自己，
每個情緒都很寶貴。

認識自己的情緒，進而認識當下的自己，然後就能認識長久以來的自己。安頓好自己的情緒，安頓好當下的自己，然後才可能安頓好自己的人生。

每秒流經你生命的水滴，就是你生命的河流。

我們每秒在這些河中游泳，醒時、夢中都在游。我們偶爾要察覺這些包覆我們的水滴的存在，玩味這水，過濾這水。

這趟游泳，就是這一生啊。

9. 學校沒教的入門知識，我們來自修

心裡的感覺，說不出也講不明。能夠清楚辨認這些情緒的人，才會成為情商高的人。

你會在不該想上廁所的時候，偏偏就很想上廁所嗎？

我有個朋友，是明星。他開過很多演唱會，但每次演唱會開演前二十分鐘，他一定會忽然很想要上廁所，然後就一場小小騷亂。

演唱會的服裝雖然華麗，但為了換裝快速，通常還挺容易穿脫的，只是有時身上都已經綁好了麥克風耳機什麼的，這個也要脫，不然上廁所的時候直播聲音到全場，未出場先轟動，觀眾可能會太嗨。

他的服裝師跟音響人員，當然都希望他可以早一點去上廁所，不要每次都鬧得人仰馬翻。但明星也不是故意的，他明明提早一小時上過廁所了，只是快上台時，又會覺得必須再去一趟。

他請我吃飯時，跟我講了這件事。我其實很餓，但請客的人想聊天，只好先聊一下。

「可是我根本不是緊張啊，演唱會都辦過快一百場了，哪會緊張。」明星說。

「不是腸胃原因？」我說。

「醫生說腸胃沒問題。」

「是不是舞台用了什麼材料，有某種氣味或顏色，喚起你小時候憋尿什麼的回憶？」

明星想了一下，然後意味深長的看著我。

「你想用佛洛伊德那套對付我喔，兒時黑暗回憶造成我變成連續殺人魔之類的？」

「沒有嗎？」

「沒有。」

「那麼……是不是傳說中的，把腹部清空之後，人體可以成為共鳴箱，對歌聲更有效果？」

「噗哧，那肚子要有多空啊？器官都得先移出來吧。」

「唉，那我只好亂猜了，是不是……追求自由輕盈，要把身上的束縛都解脫，然後就可以無拘無束的表演？」

明星聽了之後，想了一下。

「有意思，方向似乎有點接近了，但不是。」

「誰有興趣猜你為什麼要上廁所呀，你又沒在廁所殺人，我也不是柯南，我們可以點菜了嗎？」

他似乎想到了什麼。

「水聲。可以使我變專注，我進了廁所，會打開水龍頭，然後坐在那邊聽幾分鐘的水聲，最後再聽沖馬桶的水聲，就會變得很專注。」

「是喔？我怎麼覺得你現在只是故意在拖時間，不想讓我叫吃的而已？好吧，你找到答案了，現在我可以點菜了嗎？」

我後來每次看他升上舞台，萬人尖叫歡呼時，我都不免想到這傢伙剛從廁所跑向舞台的驚險畫面。

心裡有感覺，卻說不出也講不明，那是孩提時的苦。所以小孩常哭。除了哭，說不出。

我們長大以後比較少哭，不是委屈的事變少了，而是我們比較有能力分析情勢，分析之後，如果發現值得生氣但不值得哭，那就生氣而不哭；如果發現值得哭，但哭了之

蟬聯賽車冠軍已久
的不朽傳奇
Mr.Didilong
賽前受訪
可以告訴我們
你賽前的準備嗎?
中分一定要對稱
不然過彎會跌倒
I AM
NAKED

後，恐怕會嚇到同事或同學，那我們就也不哭。

我們漸漸把不同的感覺情緒分門別類，所以才說大人有七情六欲，很少說小孩有七情六欲……呃，除了某些比較特別的小孩之外吧。

越是細膩的人，感覺越豐富。

沒事就上網亂逛亂看的我們，比起坐在山洞鑽木取火的原始人，每分鐘接收到的刺激、以及因而產生的情緒反應，應該都是多出千百倍。

當我們情緒產生的密度及種類，都遠超過了過去被歸納過被描述過的七情六欲時，我們又回到了小孩的狀態，很多湧上心頭的情緒，我們既認不清，也講不出。

大家心頭都有這麼多情緒，為什麼有些人平靜、平衡，有些人不安、混亂？

因為有些人能夠自修，同步成長，去辨認這些情緒，有些人覺得反正學校沒教，何必再自修，嫌麻煩，最後就像沒學加減乘除的人看到教室那樣，對自己的內心傻眼、無可奈何。

加減乘除是知識，辨認情緒也是知識。我們這輩子每秒都會遇到情緒，可不會每秒都遇到數學。學校教了加減乘除、還教了化學物理青蛙內臟與冰島阿根廷的首都，但沒教認識情緒的入門知識。

情緒方面的知識，不會像學校課本上的知識那樣，考完試就被丟掉，而會累積在我們心裡，累積成所謂的智慧。

有出生就很聰明的人，但沒有出生就有智慧的人，智慧，從辨認自己的心開始，別容許自己變成一個對內心無可奈何的人。

整天上網亂逛的我們，
接收的刺激和情緒，比古人多了千萬倍。

10. 表達情緒，不是在展示權力

如果能夠把情緒當成理所當然，而不是特權，才有可能把情緒納入日常生活，自在的活下去。

我有個朋友是明星，也是個媽咪，有個小孩在念小學。她手把手的教會小孩背下了五首唐詩，我去她家吃飯時，她要她的小孩把這些唐詩背給我聽。

我飯還沒吃，就得聽詩，等於還沒拿訂金，就要先工作，士可忍，孰不可忍。

「這位太太，李白杜甫死了也都有一千兩百多年了，你家孩子要背他們的詩，也不爭在這一頓飯的時間，讓小孩先吃飯吧。」

小孩本來就不情願，此時一見有了聲援，立刻也表示不想給客人背詩，估計也是隱約嗅到了我沒什麼興趣聽。

「噴！乖一點，不可以這麼沒禮貌。」明星媽咪說。

天曉得沒禮貌跟背不背詩有什麼關係。大人罵小孩常常是口不擇言，罵了再說。

「我們就先吃飯，吃完了再說吧。」我說。

「嘖！乖一點，不可以這麼沒禮貌。」明星媽咪對我說。

小孩終究乖乖背了詩，我也乖乖聽了，聽完當然讚賞一番，主要是讚賞明星媽咪的傑出教育。

「嗯，好乖，好聽話！寶貝最聽話了，媽媽最愛你了！」明星充滿愛的抱抱孩子，放孩子去看卡通吃晚餐了。

我看了明星一眼，她立刻回瞪我。

「你是不是要批評我讓小孩看卡通吃晚餐？」她先開口為強。

「沒有啊。你管教你的小孩，關我什麼事？我可以吃飯了吧？」我說。

「那你剛剛，在我說我最愛我小孩的時候，你那個眼神，是什麼意思？」

我嘆了一口氣，放下筷子。

「你剛剛抱著小孩，說你最愛她的時候，你還記不記得，你稱讚她什麼？」

「當然記得，我說：寶貝最乖，最聽話了。」

「嗯。」

「嗯什麼？怎麼樣了？是我小孩哪裡不乖不聽話了？」

「你說你很愛你的小孩就好了。你為什麼要把聽話放在愛的前面？小孩不聽話，你也一樣愛，不是嗎？」

我們每個人都從小就聽慣了爸媽這樣稱讚我們。我們早已接受：一個所謂的「好孩子」，就是一個乖孩子，而一個乖孩子，就是一個聽話的孩子。

可是，我的明星朋友的小孩，是做了什麼，而換得了「聽話」的稱讚呢？

小孩是靠著壓住自己的不情願，才被稱讚聽話的。

所有的小孩，因為害怕而不肯去看牙醫、因為厭惡而不肯吃青菜、因為害羞而不肯在客人面前表演，如果他們勉強把他們當時的害怕、厭惡、害羞給壓住，藏起來，他們就會被稱讚聽話、乖、而被認定是一個好小孩。

「你是在跟我計較什麼？小孩能夠把那些不必要的感覺跟情緒都壓下來，不是很值得稱讚嗎？」

「被這樣稱讚著長大，將來可能會覺得，所有這些不討人喜歡的感覺、情緒，都是丟臉又麻煩的東西，然後就成為一位、老是想壓下這些情緒的大人。」

「這樣，不就表示她情商很高？」明星媽咪說。

「你覺得這是情商高？不是在委屈自己？」我看著她。

當爸爸媽媽對小孩說「你真的把我惹火了」的時候，爸媽是理直氣壯的承認自己是有情緒的，而且情緒很大。而情緒這麼大的大人，緊接著責備小孩的下一句話，卻是「你這小孩為什麼這麼不聽話?!」

責備對方「不聽話」的意思，就是「我可以有情緒，但你不可以有」。

這很玄妙，當光波或聲波遇到阻擋，要不就折射，要不就穿透，可是生氣罵人的爸爸媽媽，送出強烈的情緒波浪時，卻要求小孩不能折射，也不能任其穿透，而是要求小孩「吸收」這些來自大人的情緒。

小孩不但要親身體驗爸媽的情緒，還要同時抹除自己的情緒。

這樣的教育，就是告訴小孩：情緒是一種特權，想有情緒？等你也熬成了大人了再說吧！

小孩抱著這樣的態度長大，應該會覺得自己不該有情緒，就算有也要藏起來，然後，等到自己可以對別人頤指氣使的時候，再讓情緒充分的發洩吧？

或者，有些小孩，被爸媽這樣對待，轉過身也就這樣去對待生活中服務他們的人。

這樣的養成，把表達情緒當成了權力的展示。那些買個東西，吃個餐館，都可以對服務人員大發脾氣的人，恐怕就是誤會了情緒的意義。以為誰有權，誰才可以有情緒。

生活裡很多人跟我們並不是權力的關係，沒有上下之分。朋友之間、戀人之間、同事之間、同學之間，都可能不是權力的關係。

面對這些平等的人，我們的情緒該怎麼辦？他們的情緒又該怎麼辦？

如果能夠把表達情緒當成是理所當然的事，而不是特權，才有可能把情緒納入日常生活，自在的活下去啊。

情緒，不是特權的道具

有很多創造了一時話題的暢銷書，等到流行過了再看，難免覺得過時。但如果能夠多年不退流行，就會成為經典。

心理學家高曼二十多年前轟動一時的著作《EQ》，作者曾特別為中文譯本寫了一篇序。

他在序裡提醒華語世界的父母，雖然善於督促小孩把考試考好，把公司要求的工作做好，但卻在教養上，非常忽略小孩創造自己人生的能力。

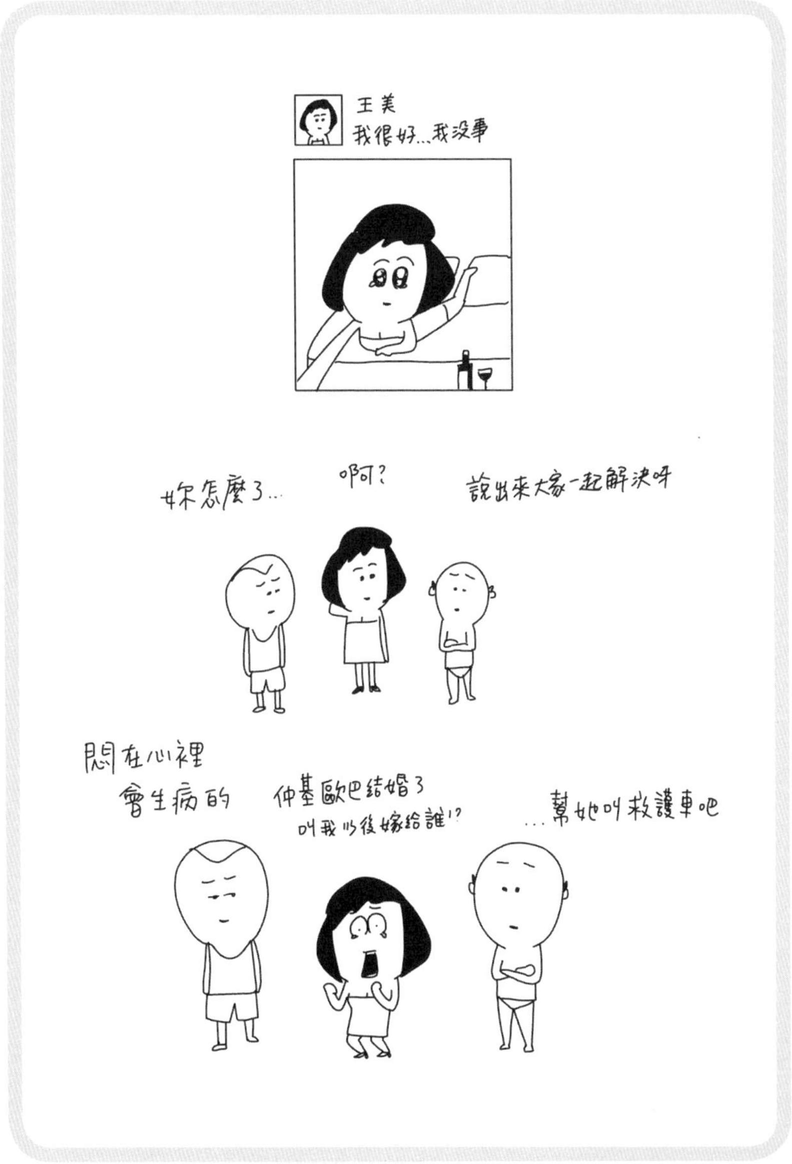
王美
我很好…我沒事
妳怎麼了…
啊?
說出來大家一起解決呀
悶在心裡
會生病的
仲基歐巴結婚了
叫我以後嫁給誰!?
…幫她叫救護車吧

二十多年過去了，《EQ》這本書裡講的很多事依然被忽略，我們的基礎教育，依然教學生只對付頭腦，不對付心靈。

幸好這件事我們可以自己練習，而且在人生的任何階段開始，都能感覺到這樣練習的收穫：你越來越會安頓你的情緒，對重要的人懂得了在乎，對不相關的人也能不在乎，換句話說，如同河流容納倒影與水滴，接納情緒的存在，成為情緒的主人，而不是莫名其妙的，一輩子當情緒的奴隸。

11. 快要失控前，拖時間冷卻一下

脾氣來了，來不及數數目讓自己冷靜，結果就暴露了內在，令自己陷入容易受傷的脆弱狀態。情緒是我們的一部分。冷靜的面對它們。

我有個朋友，是個明星。這明星略有一點年紀了，平常大大咧咧的，笑起來很大聲，牙齒沾到口紅也不擦，吃完飯會用舌頭去舔一圈牙齦，很有大媽的日常感。

她拉我去逛街，我實在不想奉陪。但她以她多年累積的人脈，訂到一家我怎麼樣也訂不到的餐廳，為了貪圖能吃到那家餐廳，只好陪她逛逛。

她有一項大媽逛街的習性，我看了也是不解。不管看中的是個杯子、還是個鍋子，即使貨品遠在三公尺之外的架上，她也要走上前去，伸手去摸摸那件東西。

「大姊，如果是衣服或窗簾，你一定要上前用手摸摸，搞清楚質料，這個我能理解。可是，那鍋子一看就是鋼的，那杯子一看就是玻璃的，為什麼也勢必要用手去摸一摸呢？」

她賞我一個白眼。

「摸一摸是在拖時間，讓自己火熱的心冷卻一下，盤算到底要不要買，怎麼殺價。」

「喔喔喔，原來如此，失敬失敬。」我退到一旁，不再多口，心中佩服。

想要拖個幾秒，讓火熱的東西冷一下，只要養成去摸一摸的習慣，就可以了。

很多暴躁的人，想變得別那麼暴躁。他們聽過一些建議，例如：感覺要生氣了，就開始數數目：「一，二，三，四……」這麼數。

如果能夠及時開始數，那確實有效。可惜有時脾氣來了，當場失控，顧不上數數目，就炸了。

情緒，就是我們當下的自己。誰會沒事當下就把衣服扯了，讓自己裸在對方面前？先不去管是否丟臉或失禮，沒事就暴露自己的內在，是危險的事。即使獸類，都會小心的以鱗甲或皮毛去面對陌生的對象。

沒事就裸露身體或情緒，那是嬰兒與某些行為藝術家才做的事。

脾氣來了，來不及數數目讓自己冷靜，結果就暴露了內在，令自己陷入容易受傷的脆弱狀態。如果不想這樣，大媽明星的「不論如何，先伸手去摸一摸，為自己拖一點時間」的習慣，應該會很有幫助。

不要只想在憤怒時，靠著數數目而冷卻。要像大媽明星這樣，對所有情緒念頭都一視同仁，只要起心動念，先上前去摸一摸，養成了這個什麼都先摸一摸的習慣，一定能為自己爭取幾秒，再以比較恰當的方式處理冒出來的情緒。

也許有人不想變冷靜，喜歡被當成是一個永遠熱呼呼的人。如果想走這個路線，當然可以試試看，但可能撐一陣子之後，很快就會被某個不值得熱絡相待的人質疑你：「為什麼不像當初那麼熱絡了？」

即使太陽都需要下山，何況是人？想要一直熱呼呼的人，一旦轉為冷靜，會遭遇質疑。倒是平常冷靜的人，比較進可攻，退可守，等弄清楚誰值得你熱情相待，再熱起來也不遲。

不要追求對人都無差別的熱情，沒有親疏之別，怎麼對得起你生命中那些重要的人？

冷靜點
冷靜...沒事的

不只對待憤怒，就算對待快樂、悲傷、嫉妒、後悔，都別囫圇吞下，都先摸一摸，聞一聞，嚼一嚼，再吞嚥。

別對情緒大驚小怪，河流怎麼會對水大驚小怪？活著就會有情緒，別一遇到快樂，就像吸到毒品。

也別一遇到悲傷，就像遇到鬼，看都不敢看一眼，轉身就跑。你不會想對快樂上癮，也不會想淪落到害怕自己的悲傷。

情緒是我們的一部分。冷靜的面對它們。

情緒不是我們的主人，不要卑微的求快樂、不要恐懼的躲悲傷。別被憤怒控制，也別讓熱情成為待人處事的重擔。

如果有興趣培養這個「摸一摸」的習慣，可以現在就來練習看看。

想一個身邊最討厭的人，列出三項這個人最令你討厭的品質。不要列枝微末節的症狀，而是列出這個人的某三個品質。

意思是，不要列這個人「穿衣服很土」，而是列這個人「對美醜沒概念」；不要列這個人「很臭」，而是列這個人「不重衛生」；不要列這個人「上班偷懶」，而是列這個人「逃避責任」。

列出三項之後，看看這三項跟自己是否有關？跟自己無關的就算了，只看那個跟自己有關的品質。

比方這個討厭鬼「逃避責任」，害你老是揹黑鍋或代擦屁股，這就跟你切身相關。

這就是在摸一摸，這樣「摸一摸」之後，你可能還是討厭這人，但你多了一層訊息。

你對這份討厭的來源，會清楚很多，而不再是一團烏煙瘴氣的討厭，也不再是「我對這人就是有說不出的討厭」，而是「說得出的討厭」了！

由說不出的小孩狀態，進化到說得出的成熟狀態。你成為了一個比較冷靜、也比較理性的人，你的感性，是有理性作為依據的。

這人下次又令你生氣的時候，你知道了你的氣是從哪裡來的。這樣你就認出了你的憤怒，下一步才知道要怎麼安放這個憤怒，而不會漫無頭緒的發飆或壓抑，傷害了自己。

快樂的時候，習慣性的「摸一摸」這份快樂，效果也是一樣的。你在「玩味」「品嘗」這份快樂，而不是囫圇吞下。這會使你的快樂比較接近更雋永的「喜悅」，也容易使你對這份快樂，懷抱感激。

這樣的冷靜，不是冷漠，而是寧靜。

從「說不出的討厭」，
進化成「說得出的討厭」！

寧靜，有助於我們成為情緒的主人。

大媽明星常常能買到品質好、價格對、又用得上的東西，就是因為她是冷靜的購物者吧。

PART-3

「負面」情緒，跟你想的不一樣

12.「負面」情緒，就像戲裡的反派角色

一齣像樣的戲，一定會有討喜的角色與不討喜的角色。負面情緒就是這些不討喜的角色，試著從這個角度去理解所謂的負面情緒，就能體諒他們為什麼沒辦法從你的人生舞台永遠消失，也絕對不可以永遠消失。

我有個朋友，雖然當過明星，但一下就不紅了，參加過兩部戲，之後再也無人聞問。於是她開了間小店，當店老闆。

她跟我說開店之後，脾氣變得很暴躁，動不動就生氣、沮喪、焦慮、失眠。有一次她又大罵員工，罵完很懊惱，問我怎麼辦。

「當老闆，當然要表達情緒，這樣同事們才能感受到自己做對還是做錯。不過，我認識的一些老闆說，他們在同事面前的情緒，常常是演的。」

「演的？什麼意思？」她問。

「就是表演生氣、表演焦慮，讓同事明確收到訊息，然後就可以收起情緒，收工了。」

「情緒還可以收工？」她問。

「你不是演員嗎？你一定比我清楚吧。」

我建議她把表達情緒，想成是表演情緒。把情緒當成台上的角色，放到前台去表演，演完就放到後台去休息，等下次出場。

你會越來越像球場邊的教練，本來是真的狂怒或狂喜，但隨著球賽轉播次數漸增，越來越感覺到觀眾的存在，一步一步懂得有時把觀眾看在眼裡的各種情緒，當成角色們來調度，傳達出你想傳遞的訊息。

舞台上有討人喜歡的角色、也有討人厭的角色，這些角色上台下台，來來去去，我們的情緒也是這樣的。知道它們既然會上台，就會下台，接受它們會不斷的來來去去，常常意識到情緒會來也會去，會突如其來也會倏忽而去，這樣看待情緒，會放鬆很多。

一齣像樣的戲，一定會有討喜的角色與不討喜的角色。

如果只有討喜的角色，那充其量只能構成一張單調的劇院海報，無聊到只值得瞥一眼，不可能是一齣豐富有趣的戲。

想一下你喜歡的戲劇，裡面那些不討喜的角色，通常也都不是什麼邪惡的反派人物，像絕大部分愛情故事、文藝故事裡，所謂的反派根本談不上巨奸大惡，充其量是些

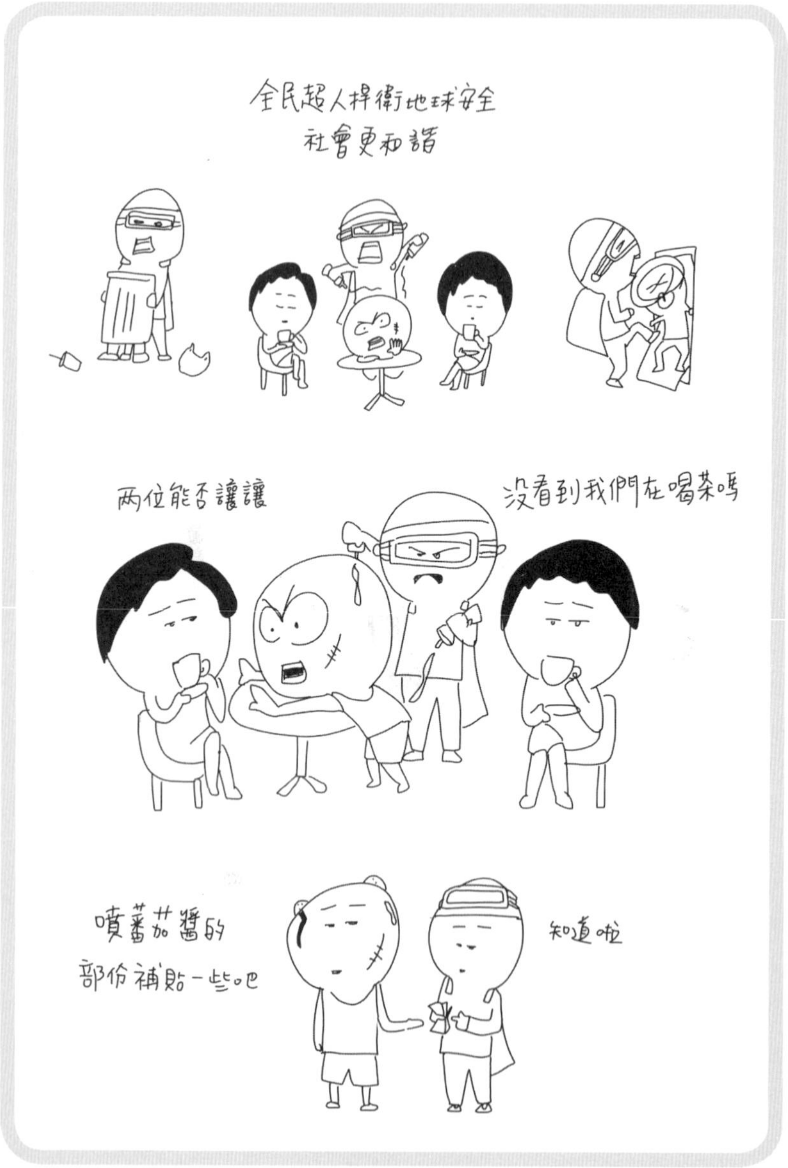
全民超人捍衛地球安全
社會更和諧
两位能否讓讓
沒看到我們在喝茶嗎
噴蕃茄醬的
部份補貼一些吧
知道啦

不討喜的角色，他們的功能就是給故事帶來各種波折麻煩而已。

我們常說的負面情緒，就是這些不討喜的角色，他們各有各的功能，他們各自在故事需要時登場，發揮完作用之後，他們就到後台去休息，等待下一次上場。

試著從這個角度去理解所謂的負面情緒，就能體諒他們為什麼沒辦法從你的人生舞台永遠消失，也絕對不可以永遠消失。

他們如果消失，你的人生戲劇就只剩一張單薄的海報了。

13. 拒絕所有負面情緒的人，連吃火鍋都只能吃到甜味

祈求再也不要有任何負面情緒的人，到底是在祈福，還是詛咒自己？

我有個朋友，是個明星，但不是娛樂明星，而是作家明星。她是位暢銷小說作家。她約我吃飯時，拿了她新出的小說給我。

我看了看書的扉頁，她沒題字，只簽了名。

「不寫幾個字嗎？」我問。

「要我寫什麼，寫『快樂』嗎？還是『幸福』？」她問。

「好像太普通了，我自己都常常給別人題『快樂』跟『幸福』，還加畫一個笑臉。」我說。

「那麼，寫個相反的？」

「好啊，寫來看看。」

於是她在新書的扉頁上，畫了一個哭臉，題上「悲傷」二字。

「嗯，這確實跟『快樂』相反。看起來真可怕，但你既然已經題了這個，就乾脆再題一個跟『幸福』相反的吧。」我說。

她很起勁的點點頭，又在扉頁題上『不幸』二字。

「從來沒題過這幾個字，好新鮮哦……這樣你高興了嗎？」她說。

我看著扉頁這幾個不討喜的題字，苦笑。

「很難高興得起來。」

「連你這樣的怪人，也會吃不消啊，哈哈。」

「雖然是獨一無二的題字，但將來想拿去賣錢，應該也是賣不出什麼好價錢。」我說。

「下次有人找你在書上題字，你也可以題上『悲傷』跟『不幸』試試看。」

「一定被對方賞白眼的啊，怎麼看都是一本被詛咒的書。」我說。

她想了一下。

「那你覺得，『萬事如意』是祝福嗎？」她問。

「當然。」

「如果我祝你的仇人『萬事如意』呢？」

「對他是祝福，對我就成了詛咒。」我說。

「所以囉，彼之蜜糖，汝之毒藥。祝福還是詛咒，看落在誰身上吧。」

我看著扉頁上題的「悲傷」跟「不幸」，想了一下。

「讓我來加上三個字看看。」我說。

「加哪三個字？」

我加上「的意義」三個字，題字變成了「悲傷、不幸的意義」。

「嗯，這樣就不像詛咒了……像……一種提醒。」她笑了。「這麼爛的事，一旦找到意義，好像忽然就變高級了。」

「人類就是什麼都要找意義的動物啊。」

美國的一家中學，有一年請了當時的首席大法官羅伯茲（John Roberts）去為畢業生演講。他的演講內容，後來引起了不少報導，因為跟大部分的畢業典禮演講不一樣。羅伯茲對畢業生們說：

「希望你們三不五時，就會被不公不義的對待……希望你們遭到背叛……感到孤單……遭遇不幸……」

羅伯茲大法官當然不是被黑暗勢力派來詛咒學生的，就算是，也不可能蠢到這樣明目張膽的公然下咒，他只是提供一個很好懂、但常被忽略的原則：沒有黑影，你就感受不到亮光；沒有黑影，你就會把亮光視為理所當然。

第一希望大家遭遇不幸
?
第二個希望能過上苦日子
第三…不能說

當我看到他這段演講時，我忽然想到有一次被朋友帶去巴黎一家名店喝熱巧克力，這家與東方飲食完全無關的店，卻在牆上大大掛了一個中文的牌匾，匾上用木雕隆重的雕出這麼一行中文：「願此桌不會出現背叛者」。這句中文似通不通，洋腔洋調，最主要是內容突兀，不識中文的洋客人們自然只當它是異國風味的裝飾，但我與朋友正坐在這個牌匾下方，一邊打量這行中文，一邊打量手中的熱巧克力，杯弓蛇影的疑心杯中被下了毒。

其實，祈求永遠平安快樂，永遠不遇挫折，就像愛喝熱巧克力的人，叫她一天喝十杯，恐怕連喝三天就吃不消了，何況要她連喝一輩子？

羅伯茲大法官演講的完整意思是——只有當你遇上了不公不義，才會懂公理正義的價值；只有當你遭到背叛，才會了解忠誠有多重要；只有感到孤單，才不會把朋友當成現成的；只有遭到不幸，才會意識到我們有多依賴機會與運氣。

這位大法官在進入美國的最高法院之前，當過巡迴法院的法官助理，也當了很久的律師，職業處境應該跟醫生很像，經手的都是人間不討喜的麻煩事。從事這種工作的人，需要懂得在負面的事裡看到意

永遠不遇挫折、平安快樂的日子，其實很乏味。

義，才能保持活得起勁吧。

很多所謂「負面」的事，只是來自粗魯的誤會。

比方細菌被大部分人當成負面的東西。商品只要標榜「殺菌」，不管是棉被還是內褲，總會吸引不少害怕細菌的人。

如果有一天我們真能把細菌殺光，我們人類也就活不成了。細菌是我們的一部分，每個細胞裡提供能量的粒線體，當初就是細菌變成的。

母親生產嬰兒時，嬰兒必須經過通道，母親的身體在這通道準備好了大量的各種細菌，這樣嬰兒擠過通道，降臨世界時，嬰兒的身體才備妥了足夠的細菌，讓免疫系統能有足夠的演習對手，來面對外界的挑戰。

去問細菌方面的專家，他們會用數據告訴你，「通過產道出生的嬰兒，抵抗力較強，普遍比較不會生病，而沒有通過產道、藉由剖腹生產的嬰兒，少了這一道「把細菌裝備到身上」的環節，防護就相對脆弱。

摘句生物學家桑普森（Scott Sampson）的說法：「這個身體住有大約十兆的人體細胞，有大約百兆的細菌細胞……住在這個身體的生命，比整個地球上的人口還多，甚至超過銀河系中恆星的數量……我們完全依賴這個細菌大隊提供各種服務，從防範入侵者，到把食物轉

細菌有害？誤會大了！

為營養。」這樣的我們，卻以訛傳訛的熱情歡迎所有標榜能夠殺菌的日常用品。

大部分人也是這般以訛傳訛的看待所謂的負面情緒，就跟對付細菌一樣，越少越好，最好沒有。

所以許願的人，動不動就祈求：再也不會寂寞，再也沒有痛苦，永遠不要後悔，永遠不要悲傷。

英文有句話說：「許願時要小心，因為可能會成真。」

祈求再也不要有任何負面情緒的人，如同祈求從此口中只能嘗到甜味，不管吃辣鍋水餃，還是牛排炸雞，永遠只能嘗到甜味。

這是為自己祈福，還是對自己詛咒？

14.「負面」，你可以不理會它，它可不會不理你！

當你一直困在悲傷中，不斷問著「為什麼」卻又始終得不到答案時，試著漸漸的每問一次「為什麼」，就多問一句「怎麼辦」，每多問一次「why」，就多問一句「how」。

我跟你一樣，也不想要悲傷與不幸。

就算理性上我能判斷悲傷是必要的，不幸是必然的，我也不會逞強說，悲傷與不幸，是什麼討喜的感受。

如果「快樂」近似蛋糕糖果的甜，悲傷也不會美味如辣鍋的麻辣，或炸雞的香脆。「憤怒」可能是辣鍋的麻辣、「對欲望的飢渴」可能是炸雞的香脆。但有幾種關鍵的負面情緒，算不上是任何美味。我們確實少不了這些情緒，我們也知道它們有意義，我們能夠活下來，很依賴它們，但我們都還是不想要悲傷與不幸，也不想要沮喪、痛苦、羞辱、懊悔、空虛。

人生苦多於樂，這是事實，沒什麼好商量，逃也逃不掉。

菜單上就是這麼些菜色，要嘛吃，要嘛放下菜單、走出餐廳去。

人生就是這麼些滋味，要嘛活，要嘛不活。

而人生的奇妙之處在於，一旦不讓我們活了，我們立刻就捨不得了。

我有個朋友，是個明星，很喜歡衝浪，他有天早上傳了個訊息過來：

「我一個衝浪的伙伴，昨天車禍死掉了，我好難過。」

我當時在忙，也不認得那位車禍過世的人，我只好模糊安慰了兩句。

過了半小時，他又傳來一個訊息：「今天天氣好糟，不能衝浪，不知道要幹什麼，真無聊……」

我這可傻眼了，忍不住回他：「無聊嗎？想一下那位出車禍沒機會繼續活的伙伴，應該就不會無聊了。」

他只好回了我一個字：

「噢。」

是啊，你可以說他邏輯不好，也可以說他記性不好，但他的表現，其實就跟我們每個人一樣：動不動就覺得無聊，同時又動不動就忘記我們都會死，一定會死。

死亡從不費事去跟我們解釋活著有什麼意義。死亡不在場的時候，我們一下抱怨無聊，一下抱怨挫折，可是只要死亡一欺近我們身後，在我們頸邊吹氣，我們立刻雙手合十，覺得活著真好、善哉善哉。

但當它一走開，我們立刻忘記它來過，假裝跟它很不熟。

死亡使活著有了意義，死亡就是這麼簡單明瞭的證明了它自己的身價。

我們不喜歡死亡，如同我們不喜歡悲傷、不幸、痛苦、沮喪……這一大串。

但我們不會指稱死亡很「負面」。

死亡既不正面、也不負面。死亡在正面與負面之上，死亡在「上面」。

硬要說死亡很負面，活著才正面，會顯得很孩子氣。死亡與活著，都在正與負的上面，那是生命，不關正與負的事。

細菌也是生命，細菌也不關正與負的事。實際上，整個宇宙都談不上什麼正面跟負面。殞石是正面還是負面？黑洞又是正面還是負面？

動不動就說「不要這麼難過，這樣很負面」「別老是想什麼死呀死的，太悲觀了！」這些話背後的心態都很孩子氣：「它們討厭，我們把臉轉開，別理它們。」

哈哈哈，你可以不理它們，它們可不會不理你！

這裡面，唯一負面的東西，是那個態度，那個「它們討厭，我們別理它們」的態度。

我們坐在這家餐廳裡，就算我們再怎麼熱愛這家餐廳的菜色、這家餐廳的氣氛、這家餐廳的裝潢、這家餐廳的一切，我們還是沒辦法永遠賴在這家餐廳裡不走。你當然可以挑一個背對大門的座位，但你終究知道這餐廳是有大門的，不然你是怎麼進來的？從廚房的水龍頭流進來的？

有大門，你才進得了這家餐廳；時候到了，你也會推開這扇大門出去。你理不理這扇大門，大門都在那裡，這就是生命。

如果有人三不五時看著這扇大門，我們不會說這人「好負面」「太悲觀」。我們知道他會好好品嘗這餐廳的菜，好好跟同桌的人聊天。

正面或負面，樂觀或悲觀，那都只是我們看這件事的態度，不是這件事本身。生死之事，無關正負。

很多事情不必分正負、甚至不必分好壞，凡事定要分好壞正負，使得許多人身上背負那麼多累贅的標籤，變得不自由、不自在、不自己。

15. 與對錯無關，與對你有什麼意義很有關

把心力全用來評論小事的好壞，就沒力氣去在乎少數重要的事了。

我有朋友，是個明星。（基於既非正面也非負面的原因，我安排在這本書上場的朋友，都是明星。）她參加演出了一部很爛的戲。找我吃飯，要跟我抱怨。（基於既非正面也非負面的原因，這本書只要跟朋友見面，他們都要請我吃飯。）

「這部戲爛死了，好丟臉。」她說。

「可是很賺錢。」我說。

「賺錢有什麼用？還是很爛啊。」

「從某個角度說，賺錢的戲，就不算爛，甚至算好。」

「從什麼角度？」

「從老闆的角度啊，你覺得爛，表示拍得很隨便、很簡陋，也就是很省。很省卻還

賺很多錢，對老闆來說，這是好產品，一點也不爛。」

「可是就我這個演員來說，這戲很爛。看了戲的人，也都覺得爛。」

「你們是演員視角與觀眾視角，就跟你說了，好或者爛，看是誰的角度。」

「難道你不覺得爛嗎？」她問。

「我念中學的時候，如果城裡在辦藝術影展，我會蹺課一整天，窩在同一家電影院裡，連續看四、五場平常很難看到的歐洲中東或印度電影，有時候這些電影根本沒上字幕，電影講法文、講印度文，我一句也聽不懂，也是睜大了眼睛，死撐著硬看。」

「不會睡著嗎？」

「會呀。睡一下，醒了就繼續看。」

「幹嘛這麼辛苦？」她問。

「有很多是古老又罕見的電影，書裡介紹過的，可能錯過就看不到，只好拚了。」

「你這樣拚了幾年？」

「兩三年吧，幸好每年只有一星期有這種影展，不然早被學校掛掉了。」

「你這樣看，電影在演什麼，都搞不明白吧？有什麼意思？」

「確實，有些片子，後來再看到，有翻譯字幕了，就再看一遍，才發現中學時根本完全弄錯了整部電影的故事。」

「文藝青年的傻。」她說。

「看錯故事倒無所謂，主要是，有些電影，再看一次的時候，觀感改變，覺得很做作，根本沒什麼大不了的事情，導演大費周章的、擺了很高的姿態拍成了很艱深的電影。」

「噗哧，文藝青年的幻滅。」她說。

「十七歲時，覺得超厲害的東西，過了很多年再看，有的還是厲害，有的就一點也不厲害了。」我說。

「是啊，你應該高興，表示你後來總算見過點世面，沒那麼大驚小怪了。」

「那麼，你現在覺得爛的戲，過了二十年，還會覺得爛嗎？」我問。

「肯定會啊，應該只會覺得更爛吧。」

「那你現在覺得好的戲呢？」

「二十年後再看嗎？也許沒那麼好了。」她說。

「我們的心力有限，如果什麼都要過一過腦子，評論一下好壞對錯，評論了一百件無關緊要的事，用光了心力，結果就沒力氣去感覺少數重要的事，對我們有什麼意義了。這是因小失大啊。」

「什麼是少數重要的事？」她問。

「比方說，如果你不想結婚，但透過某些方式，有了你的孩子，你一個人加一個孩子，就這樣組了一個家庭。這不關任何人的事，只關你跟你孩子的事，這就不必評斷對錯啊，這事與對錯無關，只看對你有什麼意義而已。」

「對孩子呢？」她問。

「也沒有對錯啊。就看對這孩子有什麼意義而已。有些孩子，出身正確，家庭完整，但沒有愛，又有什麼意義？對錯沒有意義重要啊。」

她看看我的盤子。

「你的白蘆筍燉飯，剩了一大堆。」她說。

「難吃死了，這個廚師根本不會弄白蘆筍。」

「你這不就在評斷好壞嗎？你要看的是白蘆筍的意義！」她說。

「就很難吃啊，有什麼意義？」

「這坐飛機運來的白蘆筍貴得要死，是你自己說要吃的，還要老娘請客，對你沒意義，對我意義可大了！」

16. 放下評斷，領受人生這個禮物吧

整個宇宙，哪有好壞對錯？
而我們不都為這個宇宙深深著迷？

如果你只有一筆裝修的預算，你會優先裝修你家的外面？還是裡面？我問的每個人，都回答我「裡面」。

每個人都跟我說：「我們是住在房子的裡面，又不是住在外面，當然優先把錢花在裡面。」

回答得好明快哦。

那麼，為什麼，當花的不是錢，而是比錢珍貴得多的「心力」時，我們卻優先把心力花在外面，而不是裡面？

難道，我們的心，住在我們的外面，而不是裡面嗎？

不評斷，已經成為非常困難的事。好像擔心不發出點聲音，別人就會看不見我們，直接從我們身上踩過去似的。

習慣上網的人，有些會每天像個不領薪水、也沒有法庭的野法官一樣，自動審視著每個送到眼前來的案子，在自己的小房間裡，不斷的宣判：「這個是人渣！」「那人真該死！」「這女的瞎了嗎？嫁給這男的?!」「是誰找了這麼個笨蛋來管這麼大的公司的？」

這樣不拿錢卻猛辦案的野法官，聽起來挺感人，但實際上當然很荒謬，而且很消耗心力，耽誤我們把心力花在「裡面」。

這種自命法官狀態的我們，滿腦子只剩下「應該」與「不應該」，也就是滿腦子的「規矩」，過去的一切教育，留在我們身上的各種規矩。只想著「應該與不應該」的我們，既無法自由的感受，也無法開放的思考。其實世上各種規矩中，有適合我們的，更有不適合我們的，不可能有人會適合所有的規矩。

如果我們培養的分身，這時能有機會上場，一定會覺得眼前景象太可笑，而提醒入迷的當局者，也就是我們本人，提醒我們這樣會沒辦法感知任何重要事情的意義。既不能感，也不能知，感性與理性都被擋在外面。

我們不是人生的法官，而是領受人生這個禮物的幸運兒。放下評斷每件事的習慣，弄明白很多事沒有對錯好壞之分，但有其意義。想想老鷹抓兔子，花謝化作泥，這都是生老病死，生離死別，哪有好壞對錯？而我們有限的人生，不都為生命的種種經歷深深著迷？

當我們宣判某些情緒，是負面情緒，希望它們滾出我們的生活時，容許分身在耳邊提醒我們：「意義，別錯過了它們的意義。」然後，也許我們會發現，情緒不用分正面或負面，只有我們看待這些情緒的態度，有正負之分。我們能夠決定用什麼態度，這就使我們成為自己情緒的主人了。

很多事沒有對錯好壞之分，
但有其意義。

17. 悲傷會強迫成長，失去會帶來啟發

為什麼讓觀眾念念不忘、津津樂道的，永遠是賺人熱淚的悲劇？

一個人，越能夠面對「失去」，就能活得越好。

因為活著，就是不斷失去的過程。

一路得到，一路失去。

有辦法面對失去的人，會成長。沒辦法面對失去的人，可能就漸漸枯萎了。

是哪一種被標示為「負面」的情緒，一直含冤莫白的、像艘惹人嫌的小破船那樣，載浮載沉的載著我們，度過各種深感失落的灰暗時光呢？

是悲傷。

我朋友跟她爸爸很要好。她爸爸前陣子因病過世了。

我朋友是位明星，唱歌很強。她在爸爸的葬禮上唱了一首歌，非常感人。但當然歌聲結束時，現場的我們不能鼓掌，相對於歡呼與鼓掌，人類一直沒有發展出適合在悲傷中表達讚賞的方法。我們只能默默的用眼神向她致意。

葬禮結束後，她叫我陪她吃飯。我們邊吃邊聊葬禮上的一些古怪細節，以及某些來參加葬禮的人的古怪打扮。她吃得非常多，簡直狼吞虎嚥。

幸好我們躲在一個小包廂裡吃，不然實在很值得被人偷偷拍下來放上網，然後訂個刻薄的標題：「喪父之哀，胃口大開，玉女歌手，化身食怪」之類的。

她也知道自己吃得很猛。

「我越傷心，就越餓。」她說。

「是……身體破了大洞的概念嗎？」

她聳聳肩，用茶水過著，嚥下一大口包子。

「誰知道……就是很想大吃特吃。」

「可能哭很累吧。」我說。

「真的很累……」，她大嚼著豬肚，漸漸眼神變空了。「但，哭不出來，更累……」

說完，還是嚼著豬肚，但眼淚就啪噠啪噠的掉下來了。

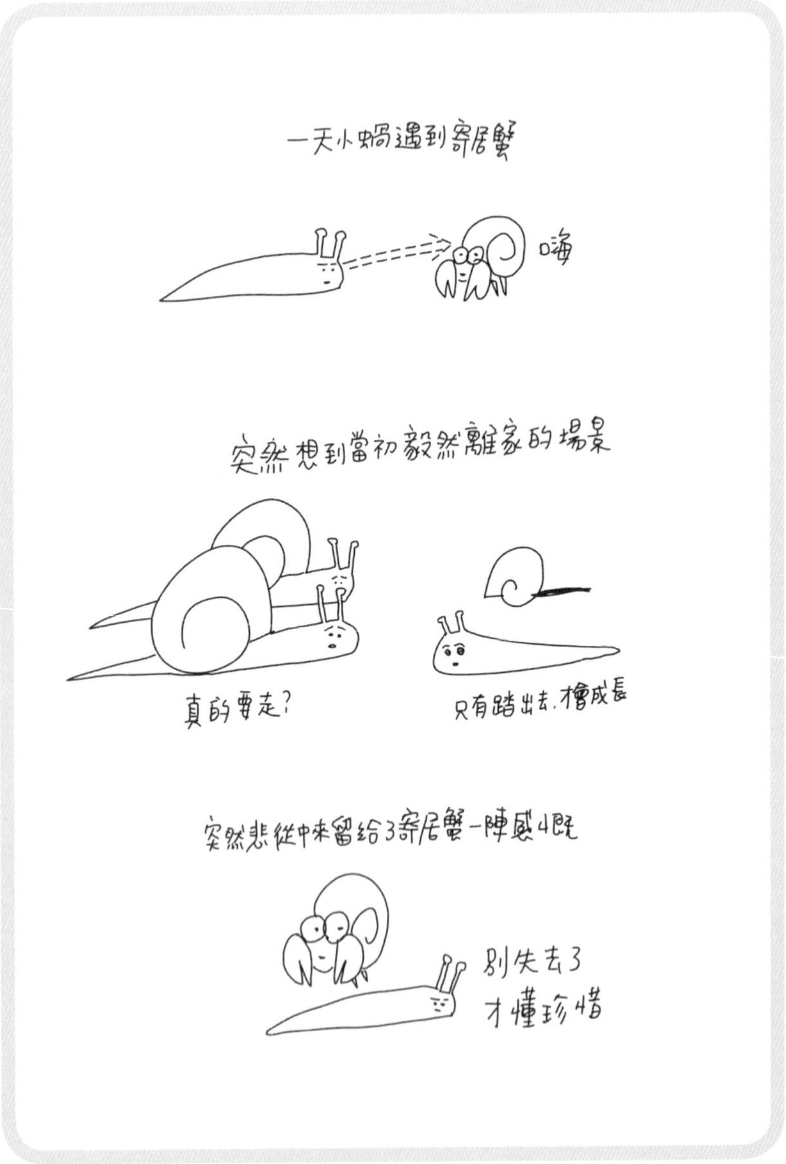
一天小蝸遇到寄居蟹
嗨
突然想到當初毅然離家的場景
真的要走?
只有踏出去.才會成長
突然悲從中來留給了寄居蟹一陣感慨
別失去了
才懂珍惜

有人說，看電影是安全的冒險。電影主角替我們出入槍林彈雨，對抗天災人禍，我們蹺著腳吃爆米花，身臨其境的感受著七情六欲、緊張刺激。

不只這些戰爭片動作片恐怖片是我們的安全冒險，其實愛情片文藝片也是。喜劇的主角替我們丟臉出醜，悲劇的主角替我們生離死別，我們又笑又哭，但毫髮無傷的在兩小時之後走出戲院，全身而退。

為什麼在愛情文藝電影這個類別裡，最令人念念不忘、最被影迷津津樂道的，永遠是賺人熱淚的悲劇，而不是讓大家笑著離場的喜劇？《羅密歐與茱麗葉》或《梁山伯與祝英台》，這些有情人最終不能在一起的愛情故事，反而更令我們推崇愛情的力量。

因為，「失去」能帶來震撼與啟發，而「得到」不能。

經典愛情電影《鐵達尼號》的結尾，男女主角終究不能在一起。電影中輪船沉沒之後，女主角漂浮海中，躺在一片木板上。有觀眾認真測量了那塊木板，發現只要女方調整姿勢，木板上就完全可以再多躺一個人，不必讓男主角沉沒海中。兩人的愛情就不必被切斷，女主角就不必抱憾終身。

如果真的讓兩人都躺在木板上獲救，也許當下觀眾會開心的拍拍手，覺得編劇導演人真好。但這部電影當然就不會創下票房紀錄，主角的戀愛場景也不會成為經典畫面。

觀眾必須受到震撼，見證命運的無情，刻骨銘心的感受到「失去」的打擊，電影結束時，才會心神動搖，久久不能自已，然後眼中含淚，回味再三，若有所悟。

我們感受了失去的傷痛，但不必真的遭遇失去，這就是安全的冒險。

透過這類的經驗，我們小規模的演習了一下「失去」的滋味。這是我們推崇悲傷故事超過歡樂故事的原因，我們恐懼「失去」，有人成功的帶我們參加一次「失去」的模擬考，我們心悅誠服，不但樂意花電影票錢買一場痛哭，而且推薦別人也花錢去戲院哭一場。

我們常常被批評不愛學習。但我們怎麼可能不愛學習呢？為了好好活下去，我們抓住每個機會聽故事，去想像自身可能遭遇的變故，這就是我們的學習啊。

而所有的變故，幾乎都以「失去」展開。

我們每失去一個已經適應的狀態，就是開始面對一次人生的變化。失去童年，邁向成年；失去父母庇蔭，邁向自己擔當的人生；失去穩定的工作，邁向更多選擇……

這些失去，一定會帶來某種不安或震撼。能夠由這樣的不安或震

失去，把你震出舒適圈，
摸索方向活下去。

傑克～傑克！
傑克～Wake up
吵死了啦！再讓我瞇五分鐘
…

撼中漸漸恢復知覺，摸索出接下去的方向，這就是生存。

當我們面對失去，手足無措時，「悲傷」這一葉小舟，默默的出現。我們被打擊到不知能說什麼的時候，悲傷也貼心的幫我們準備了眼淚，讓我們不開口也能表達情緒，雖然我們對這個安排也不見得領情。

二〇一四年，有一個心理學的實驗。參加的人被分成兩組，主辦者用影片去挑動參加者的情緒，第一組人被挑起了憤怒，第二組人被挑起了悲傷。然後，主辦方給這兩組人各自看同樣一份有關百姓福利的公共政策，請這兩組人評斷。

結果，憤怒的那組人，只會很衝動的、用任性的字眼批評那份政策；而悲傷的那組人，卻能安靜的逐條研究那份政策，理性的評斷其內容。

這個實驗是要說明「悲傷」的一個特質——悲傷壓迫我們、糾纏我們，逼著我們想脫身，不斷的促使我們提出質疑，問出「為什麼」以及「怎麼辦」。

遭逢變故，我們四顧茫然，於是悲傷佔據我們的心思，引導我們敲打每面牆壁，找出路。

18. 少問「為什麼」，問「怎麼辦」

問「為什麼」，會一步一步邁向絕望；
問怎麼辦，比較可能一步一步邁向希望。

經過這麼多年演化下來，還依然維持在我們身上的，應該都是派得上用場的東西吧。

睫毛還在，肝也還在，各種情緒也還在。各有各的用場。

我推想最早最早的人類，初次遭遇到重大失去的某個情景：

一個原始人媽媽，帶著她的八歲小孩，到河邊去喝水，正喝著，水裡竄出一條鱷魚，就把小孩咬走了！

媽媽嚇呆了，眼睜睜看著自己的小孩，消失在翻滾的河水中。

媽媽可能為了找回孩子，自己也跳入河中，如果撞上另一條覓食的鱷魚，那麼媽媽也逃不掉，故事結束。

或者，媽媽可能先驚慌的逃離河邊，逃到一定的安全距離之外，再狂喊孩子，看看能不能把孩子喊回身邊。孩子若沒回來，媽媽只好捱過一段不知多久的時間，然後接受她失去了孩子。

媽媽如果在失去孩子後，也連帶失去了活下去的目標，那可能就一直待在野外，直到自己也死掉。故事也就結束。

但媽媽也可能失魂落魄的，終究回到了自己的部落，這就成為她返回原本生活軌道的第一步。

別人看她失魂落魄，一定會問一聲，不管是要敦促她出洞去為大家撿些果實回來，還是叫她別呆坐洞口擋住大家的路，反正會問。她就會告訴別人，遭遇了什麼事。

別人會因而增加新的見聞，知道從此到河邊喝水要防著鱷魚，不然就會遭遇重大損失，下場很慘很慘。這事也會傳到其他部落，於是其他部落也知道了去河邊喝水有危險。

這就是「傾訴」與「慰問」，以及八卦。

到現在仍是如此，失去的人傾訴，身邊的人慰問，其他的人八卦。

人除了傾訴之外，也需要追究事發的原因，這樣才能避免類似的狀況再發生，不然這個部落的人會越來越少，最後整個部落滅絕。

所以這位媽媽及身邊的人，有的人悲傷，有的人恐懼，但都會問「為什麼」。為什麼發生這樣的事？為什麼發生在這人身上，而不是那人身上？為什麼發生在今天，而不是昨天？

問出了答案，大家就得到了「啟發」。

這個啟發，可能是知識。比方，鱷魚出沒的時間地點；這個啟發，也可能是信念。比方，認為是神明把孩子拿走了。反正各種追問不出道理的事，都必須由神明出面來揹黑鍋，天災或疾病，都說不出道理，只能說是蒼天神明祖先鬼魂等的意思。這當然也是一種啟發，能讓人依賴著把日子過下去的，都是啟發。

得到啟發之後，大家就會接著問「怎麼辦」。

如果是知識面的啟發，答案就是：避開鱷魚出沒的時間地點，或者，做出一個能裝水的容器，把河水帶回洞裡來，減少待在河邊喝水的時間。

如果是信念方面的啟發，答案就是：以後定期把食物分給神明或祖先，以免他們餓到發脾氣、由天上伸出巨掌來硬拿。

這些啟發會分別催生出知識、曆法、規矩、發明、儀式、宗教。

這就是「失去」所帶來的「得到」。生活必須一邊失去、一邊得到；一邊成長，一邊邁向死亡。

苦主身邊的人比較容易回到生活軌道。但苦主媽媽就很難。媽媽如果有別的小孩必須照料，就會被拉回生活軌道。如果沒有別的孩子，媽媽在傾訴完之後，覺得別人的慰問都沒用；媽媽問了一連串「為什麼」「為什麼是我的孩子？」「為什麼發生在我身上」問到的所有回答都沒用，換不回自己的孩子，找不回活下去的理由，那麼苦主媽媽就可能回不去原本生活的軌道。

她可能必須改變一種方式，才能夠活下去。她可以離開原本的生活，去加入別的部落，她可能從此成為專殺鱷魚的復仇者，遊走各地為大家解決鱷魚的威脅。

但她也可能既回不去原本的生活，也找不到可以改變的方向，「傾訴」沒用，問「為什麼」也得不到答案，她努力了一段時間，還是絕望，活不下去，漸漸枯萎。

從孩子被鱷魚咬走的那一刻，到那位媽媽終於返回生活、或終於放棄生活的這一刻，這段時間內，拖住媽媽沒有立刻放棄、立刻絕望的是什麼？是「悲傷」。

既是綑縛之繩，也同時把我們繫住，不讓我們飄走。

小鹿被獅子抓走之後，小鹿的媽媽會回到原本的生活；小龍蝦被你吃掉之後，小龍蝦的媽媽如果本人還沒被吃掉，也會回到原本的生活（或者她可能根本沒感覺到她的小龍蝦有一隻被吃掉了）。

小鹿的媽媽或小龍蝦的媽媽，都不需要「悲傷」，就可以繼續活下去。

只要你沒有記憶，而在照鏡子時，也像鹿或龍蝦那樣，沒有能力認知鏡中那個就是「自我」，也就是說，只要你從不曾意識到「自我」的存在；另外，如果你也不知道什麼叫「意義」，從來沒想過要問為什麼，那麼生活中的各種「失去」就不至於令你故障報廢，你是依據本能生存的。

但，只要你有記憶、有自我，而且在乎意義，那麼你就需要「悲傷」。

悲傷或者其他不討喜的情緒，都值得我們認真探討它們為何始終跟著我們，沒有消失。

我們人類比動物多出太多事：音樂、法律、貨幣、婚姻、公司、醫學、網路，都是我們折騰出來的。我們折騰出來了整個文明，引發各種感受，但我們的身體與情緒大致上是很原始的。

這等於是我們不斷攻佔新城堡、遭遇新武器，卻始終用一身舊盔甲來保護我們自己。如果我們還對這身盔甲漫不經心，既不珍惜，又不保養，反而去信奉什麼「糊塗是福，認真就輸」這些敷衍自己的話，不是故意自誤嗎？敷衍自己，又能帶來什麼呢？

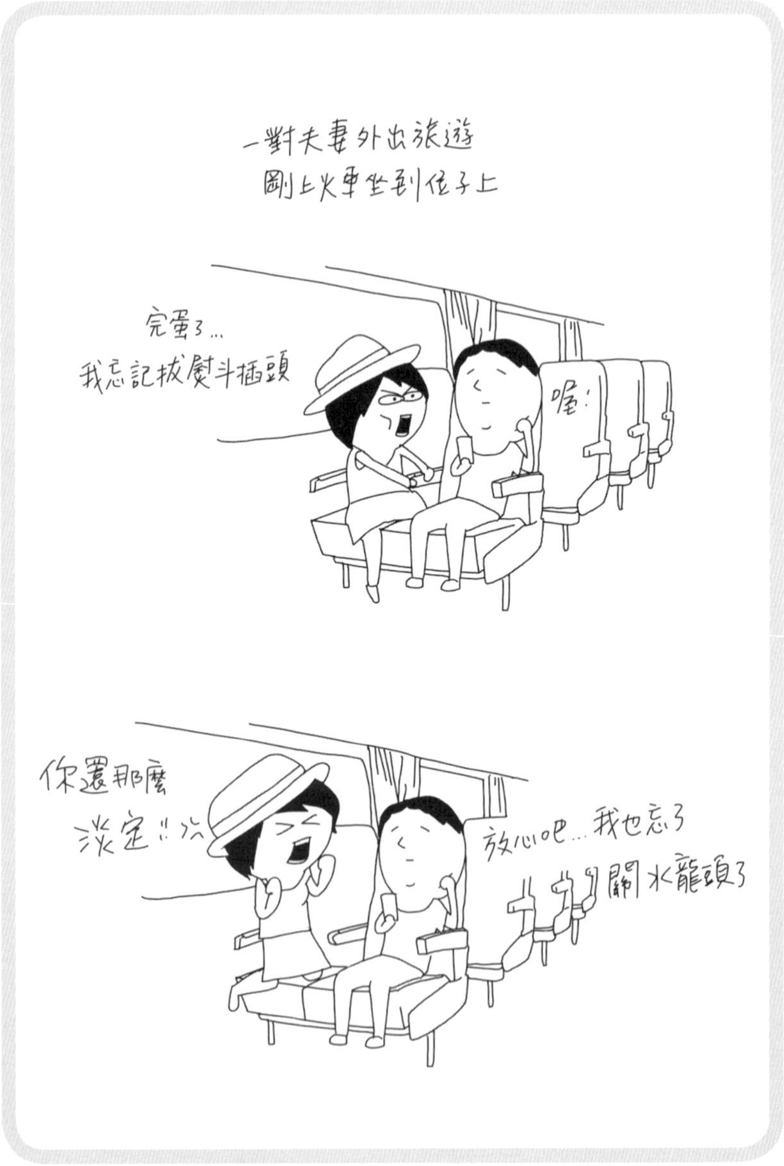
一對夫妻外出旅遊
剛上火車坐到位子上
完蛋了…
我忘記拔熨斗插頭
喔!
你還那麼
淡定!!
放心吧…我也忘了
關水龍頭了

「但我好討厭悲傷。」失去父親的明星說。她仍然在大吃，但眼淚漸漸停了，眼睛很腫。

我點頭。

「我也討厭悲傷。」我說。「我也討厭拔牙，我也討厭手機沒電，我也討厭網路斷掉，但這些事都會一直發生。」

她擦擦眼睛。

「為什麼悲傷就會哭呀？」她問。

「我問你，嬰兒是怎麼哭的？嬰兒會不會望著遠方，默默流淚？」我問。

她噗哧笑出來。

「什麼樣的嬰兒會望著遠方默默流淚呀，難道是屈原轉世的嗎？」她說。

「所以嬰兒是怎麼哭的？」

「大聲哭呀，又喊又哭。」她說。

「我覺得嬰兒原本只需要喊就好了，應該是沒有要流淚的，嬰兒餓了，或者蟲子來咬了，要喊人來照料。求救，音量大就夠了，流淚沒用，不會有人隨時盯著嬰兒看有沒有流淚。山洞內外的大人各自忙碌或打瞌睡，聽到聲音，才會過來照顧嬰兒。」

「那嬰兒喊叫就行啦，哭什麼？」她問。

「喊久了，口乾，傷喉嚨，所以把臉部能夠調動的液體都調動出來了：口水、鼻涕、眼淚都來了，保持濕潤。不然喊太久，喉嚨鼻子眼睛都會又緊又乾。應該是出於維護的必要，才分泌眼淚的，你想眼淚含這麼多鹽份，對嬰兒來說，如果只流淚而不喊，非但無法求救，反而浪費鹽份。」

「所以，先喊，再加上潤滑用的鼻涕眼淚，就成了哭。」

「嗯，嬰兒不會說話，靠著哭喊來求救。等我們變成大人了，雖然會說話了，但真的悲傷的時候，發現說什麼都沒用，什麼都不想說，但又很想求救，就只好哭喊。但大人比嬰兒壓抑得多，大部分就只哭不喊了。」

「嗯，如同亨利．詹姆斯（Henry James）寫的那句名言……」

然後我們兩個一起說了：

「生命中，總是會有即使舒伯特也無言以對的時候。」

那就哭吧。

就算你很努力，也沒辦法跳過悲傷。如同樹木沒辦法跳過年輪。它們會沉澱在你的身體裡。如果有人像鋸樹那樣，把你剖開，都還看得見。

當你一直困在悲傷中，不斷問著「為什麼」卻又始終得不到答案時，試著漸漸的每問一次「為什麼」，就多問一句「怎麼辦」，每問一次「why」，就多問一句「how」。

悲傷中問「為什麼」，那是在問老天，問命運，他們都不會回答你的。就算你失去的是愛情或工作，你想問對方為什麼，情人或老闆的回答，也只會令你更火大，更沮喪、更羞辱、更悲傷。

悲傷中漸漸少問「為什麼」，多問「怎麼辦」，那才可能會聽到答案，可以問身邊的人，也可以問自己。

問怎麼辦，表示你已經願意考慮採取行動，而不再只是用發問來發洩情緒了。

問為什麼，會一步一步邁向絕望。問怎麼辦，比較可能一步一步邁向希望。

失去之後，日子繼續，如果能開始想接下來的日子「怎麼」過，而不是「為什麼還要過」，也許就此一步一步走出悲傷。

還是一樣，如果培養了分身，讓你的分身到一年之後張望一下，再回來告訴你，一年後的世界如何，你又看起來如何。想像你的分身拿著你的手機，到一年後，隨手拍些照片回來給你看。你會看到世界如常、時間繼續，然後你知道你可以隨時跨出一步，加入世界。

沒什麼大不了的，萬一跨出一步之後，很難受，格格不入，無非就是再退回悲傷裡。也許本來淹到下巴的悲傷，慢慢退到腰部，退到腳踝，不再那麼全面的淹沒你，你又可以呼吸了。

隧道盡頭，一定有光。就算沒有光，你也可以想像那個光。別問「為什麼要想像有光？」而是問：「怎麼想像那個光？」一旦你開始這樣問，有一天，你就能夠回答你自己。

想像你的分身到一年後拍些照片回來，
你會發現世界如常，沒什麼大不了。

19.

處理傷心事，要向戰爭片或動作片學習

老是用像愛情片一樣詩意的表達方式，就別感嘆都沒人了解你。

我有一個朋友，是個明星。（「你××的能不能找個不是明星的朋友出來走走？」「不行。難得遛明星，多遛幾個。」）

我跟她聊天，每次都很痛苦，因為她認為我是最了解她的人，但我其實常常聽不懂她要說什麼。

她偏好跳躍或詩意的表達方式：

「所以，你一定很恨他吧？」我問。

「你覺得雨滴會想念大海嗎？」

或者……

「那我們今天晚上吃泰國菜，好不好？」我問。

「為什麼瓢蟲要把翅膀藏起來？」

有些人走公主風，有些人走仙女風，有些人走女鬼風。可是不管走什麼風，表達情緒，都是為了與對方發展關係或斷絕關係，如果老是愛用廟中籤詩的模糊方式來表達情緒，那對方就可能收不到你的情緒，你也就不太有立場老是感嘆自己不被人了解。

讓自己容易被了解，並不會因而顯得膚淺。尤其在互傳訊息盛行的現在，每個人看或聽訊息，付出的都是扎扎實實的時間，十則長達六十秒的語音訊息，就是會耗費別人六百秒的時間來聽。

要是在太平盛世也就罷了，但如果在溝通要緊的事，這樣把情緒藏在雲霧之中，很令對方為難，何況這樣表達只是徒增障礙，也沒什麼樂趣。

害羞與故弄玄虛，是兩件事。害羞雖然也常常誤事，但那是人類普遍情緒的一種，大家都能體諒。

故弄玄虛的表達方式，比較容易令人感覺這人很自我中心，在要求世界去摸索揣測。而自我中心正是低情商的關鍵成因。

請放棄故弄玄虛的情緒表達。

我一直不認為「誠實」的核心是「說實話」，我認為「誠實」的核心是「面對事情的本質，而不在乎表象」，「說實話」有時說的只是表象，不是本質。而故弄玄虛，繞得別人頭暈，也繞得自己頭暈，怎麼還能面對事情的本質？當然也就不誠實了。

能夠誠實的面對自己的情緒，才可能誠實的回答自己的提問。在悲傷中，問了「怎麼辦」之後，要如何得到答案呢？我的建議是，先分辨這悲傷之中，還摻雜了哪些成分，才能一一安排。

例如，失戀之後情緒低落，悲傷中夾雜著憤怒或厭倦，經過一番自問自答，釐清了情緒中的成分，到底是感覺被拋棄、背叛，還是無奈、倦怠。這樣，才可能構想消化這些情緒的作法，是找朋友陪伴、大喝大醉？還是一個人躲起來聽五十首療傷之歌？還是去旅行幾天？還是把心情寫成一封封不打算寄出的信？

消化情緒需要採取有效的行動，而選擇有效行動的依據，是釐清自己的感受。所以，處理傷心事，別學愛情片裡故弄玄虛的表達方式，而要學戰爭片或動作片裡的表達方式。

愛情片，不論悲劇或喜劇，角色說的話一定繞來繞去，耐人尋味但夾纏不清，那是

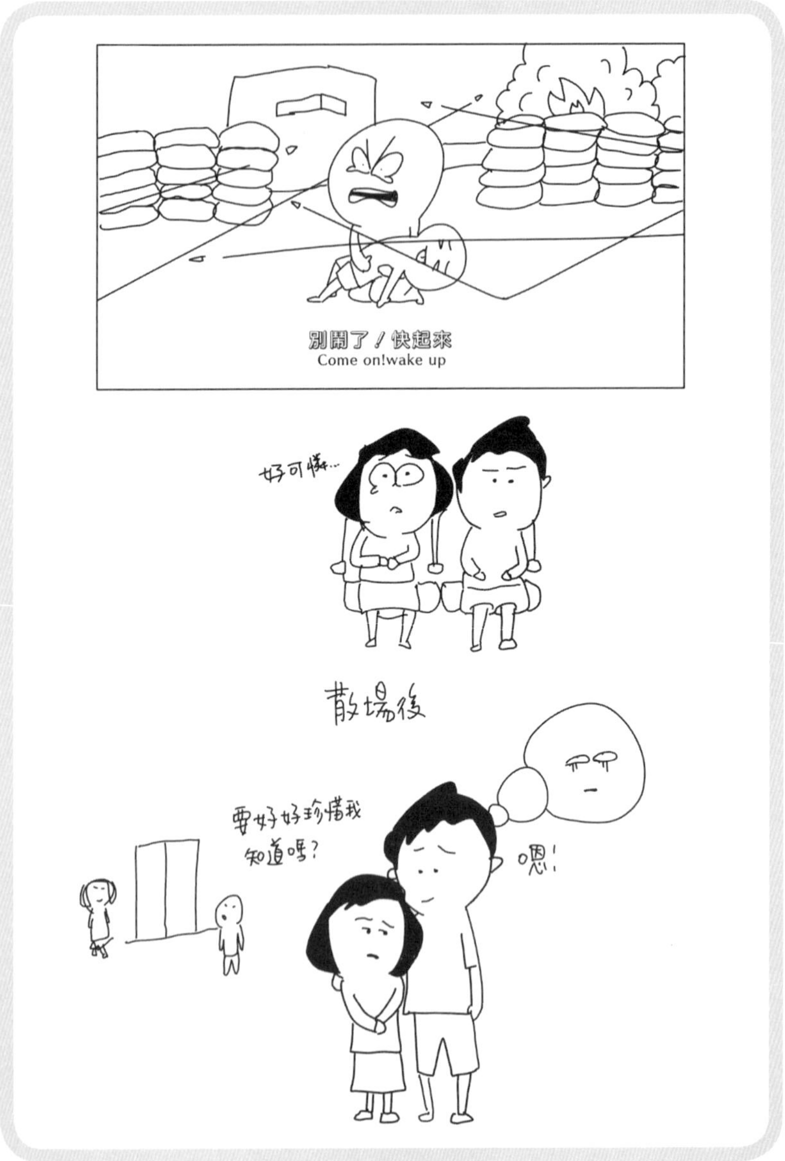

別鬧了！快起來
Come on!wake up
好可憐…
散場後
要好好珍惜我
知道嗎？
嗯！

愛情片編劇展現功力的地方。

但我們想要釐清感受，進而對自己下達指令時，樸素準確的表達方式，比較有幫助，像動作片那樣——「十一點方向，躲著兩個敵人，開槍！」

PART-4

負面字眼，
其實蘊藏蓬勃生機

20. 別給情緒亂貼紅黑標籤

如果一味的「安心」「安分」「安全」「安於室」，你對生活還能有什麼嚮往？

所謂「負面情緒」，除了悲傷，另外還有恐懼。恐懼裡面的成分，有「不安」，也有「厭惡」與單純的「害怕」。就像我喜歡的蔥開煨麵裡面，雖然有我不喜歡的蝦米，但味道很豐富。

先講講害怕吧。

害怕，使我們避開危險。我們腦中存著遠古的警告，使我們不需被蛇咬過，就懂得害怕毒蛇，不需從懸崖摔下去過，就懂得害怕懸崖。

我們也因為害怕痛，而不至於用手去碰火、去捶釘子。我們其實被「害怕」保護著，小心翼翼的活了下來，平安的長大。

我們不會稱呼保護我們的人是「負面」人物，不會希望他們滾出我們的生活。那我們為什麼稱呼「害怕」是「負面」情緒，而且許願「從此再也不會害怕」？

《列子》裡有個出名的小故事：有人丟了斧頭，懷疑是鄰居偷的，越看就越覺得鄰居像賊。後來這人找到了掉在野外的斧頭，知道錯怪了鄰居，等他再看到鄰居，就越看越覺得鄰居是個好人。

我們未經思索，就混亂的給各種情緒亂貼紅黑標籤，跟這個丟了斧頭的人一樣任性。

一家店，對所有店裡的商品都亂貼標籤，你想也知道這店會產生各種管理的問題，很快就倒了。

別給我們的情緒亂貼紅黑標籤，才談得上管理情緒。

如果自己先弄清楚這些情緒有多重要，等到有一天要教導小孩時，可以讓小孩知道，有些情緒雖然不討喜，但我們很依賴它們。

如果漸漸不那麼討厭「害怕」的感覺，等於理解了蛇毒中雖有危險的成分，也有能救人的成分。等到有一天面對重大的「恐懼」時，更能辨認這份恐懼當中隱藏的，到底是必須避開的危險，或者，是探索未知的機會。

那個探索未知的機會，來自「恐懼」裡的「不安」。

中文裡的「不安」很有趣，既是「不安心」，也是「不安分」，甚至是「不安於室」。

這些「不安」的相關詞，似乎都不是好字眼，但相信你已經再一次發現：乍看是負面的字眼，可能蘊藏著蓬勃的生機。

如果一味的「安心」「安分」「安全」「安於室」，你對生活還能有什麼嚮往？老話一句，直接被做成木乃伊拿去展覽好了。

不要為了一棵樹
放棄了整片森林
?
森林的盡頭有什麼
我自己心裡有樹

21. 用冰凍力，凍結熊熊怒火

「怒」這個字，上半邊是「奴」，下半邊是「心」。
這個字的組成，就是一個最好的提醒：「怒」會使「心被奴役、被控制」。
這是很大的代價。

「我生氣的時候，會氣到耳鳴、眼冒金星、火燒頭皮，整個人像一根人形爆竹，只想用力炸開！」我朋友說。

我朋友在明星裡是有名的壞脾氣，所以有少數記者缺新聞時，就會想到去招惹他，拿相機逼近他的鼻尖猛閃閃光燈、叫喊一些很沒禮貌的問題，大街小巷開車跟著他之類的。他通常不會讓這些記者失望，會伸手去搶奪對方的相機，會反擊一些粗話，會為了甩掉追車而超速。這樣，本來沒新聞的淡日子，也就有了當場手工製造的新聞可以填充版面了。

「我生氣時，也好想爆炸。只是爆炸過一兩次之後，發現事後很難收拾。就像爆竹不但炸了一地碎片，如果炸壞了什麼，還要自己動手去重新黏好，要修補與別人之間的裂痕，超麻煩。」我說。

「你不是說，情緒就是情緒，各有各的功能，沒有哪種情緒是負面的，只有我們看待這些情緒的心態是負面的。但對我來說，憤怒就是很負面的情緒啊?!」他說。

「有些情緒，確實還是很難承受的，也看不出什麼功能，像是沮喪、絕望，我都覺得很難承受。如果人生就像鎢絲細細的電燈泡，那鎢絲總有快要燒斷的時刻，燈泡也就跟著報銷了。人生同樣是如此吧，到了再也承受不了的時刻，也就報銷了，熄燈了。」

「憤怒，就常常好像會把我的鎢絲在幾秒鐘之內燒斷。」他說。

「大家都這樣，所以才說『怒火沖天』『火大到極點』，憤怒向來是跟火連在一起的。」

「這樣憤怒還不算負面情緒？」他問。

「但憤怒是有功能的啊。當我們忽然遭到攻擊時，我們如果恐慌，就會閃躲快逃；但我們如果憤怒，腎上腺急速分泌、肌肉緊張、眼睛耳朵急速變靈敏，進入高度戒備狀態，這個狀態會逼迫對方更謹慎地評估要不要繼續攻擊。如果你的憤怒顯示為張牙舞爪、臉色血紅、低聲咆哮，對方覺得再進逼可能會付出很大代價，也許就會知難而退，你就保住了你的骨頭。」

「我又不是狗……」

「不過也要看你張牙舞爪的對象是誰啦。如果是獅子老虎，也許會暫時被你嚇退，但如果是迅猛龍或是核子潛水艇，應該就不會鳥你。」

「我是要去哪裡招惹迅猛龍和核子潛水艇啦?!」他苦笑。

「你每次爆怒發完火之後，會懊惱嗎？」

「會啊，覺得對事情沒什麼幫助。會那樣想辦法激怒我的記者，一旦發現這招對我有效，下次缺新聞了，又會優先想到來招惹我，其實很困擾。」他搖搖頭，「雙方對陣，我的反應卻老是被對方料中，很吃虧。」

「而且發火的那些生理反應，也撐不久。撐太久，心臟吃不消。」我說。

「我的經紀人有教我一些方法，叫我在生氣時，不要瞪著對方，要瞪對方身後的柱子或牆壁什麼的。」

「應該也有叫你生氣時，要立刻數自己的呼吸，深呼吸，然後數數，『一，二，三，四，五』這樣。」

「我知道這些建議都很好，可是我的火來得太快了，我火一上來，完全忘記要看柱子看牆壁數呼吸這些事。」他說。

「是有點難，要多練習，沒事可以練習數自己的呼吸，大聲數出來，多練習很有幫助。」

「你是用這一招嗎？」他問。

「我不是，我是在腦子裡想冰塊。」

「啊？想冰塊？什麼意思？」

我其實也不知道是怎麼開始的，大概是我有幾次大發火之後，搞得場面很難看，我發現幾十秒的發火，要用幾天去收拾對方與我的關係，太麻煩了。

我是個懶惰鬼，很怕麻煩。我提醒自己，以後生氣的時候，要找個辦法，看看能不能別發那麼大的火，燒到理智線斷掉。

我一直很喜歡看那些超能力英雄的漫畫和電影，也喜歡看《封神演義》及金庸的小說。

這些故事裡都有擅長用火的人物，看他們用火對敵時，很過癮，但我卻不曾嚮往成為用火路線的超能力者，我覺得火燒的力量，會把一切搞得亂七八糟，很容易失控，而且沒辦法把損害復原。我怕我發作完之後，沒得反悔。

這些故事裡，使用冰凍的能力者，比用火的少很多，而且通常相對較弱，也比較沒效率。用火的往往能大殺四方，用冰的卻常常只擅長守備或救援。

但我發現，自己比較想成為用冰的超能力者，一切可以控制，一切只是暫時停止，一切可以復原。

可能也是因為我本來就喜冷怕熱吧。連「九陽真經」對上「九陰真經」時，我都偏好比較冷的「九陰真經」。

大概是這樣莫名其妙的潛在偏好，我發現自己生氣時，很不喜歡那種渾身被熊熊怒火包覆的感覺，覺得連腦子都快被煮沸，很可憐。於是我異想天開的、開始把自己的怒氣，想像成是冰凍的能力。

聽起來很幼稚，但我就像漫畫裡的超能力者那樣，一生氣就想像四周開始結冰，對方開始結冰，自己也開始結冰。不但有畫面，甚至還有音效，一邊生氣，一邊耳朵裡還會聽見想像出來的「喀啡喀啡」的結冰聲。

當然，一切都是幻想，周遭沒有任何東西結冰，但奇妙的是，處於這種怒氣中的我，雖然仍臭著臉，咬著牙，但沒有了火燒的急迫感，取而代之的是覺得整個人凝固僵硬，關節都不太能動，節奏變慢了。

如果面對的是獅子老虎，這樣僵在原地，恐怕就是等死。幸好，現在比較少面對獅子老虎，比較常面對的是一起工作、一起生活的人。慢一點才有反應，應該比當場口出惡言好得多。

很多位跟我合作過節目的製作人，都形容錄製節目之前，我所在的化妝室既安靜又陰沉。他們最常用的形容，是說：整個房間，散發著寒氣，有點像冷凍屍體的停屍間。

這是因為我準備節目時，一定心中不安，在找所有可能行不通的地方。一旦找到了，很容易就有氣。這時氣到結冰，確實比氣到噴火要有效率得多，整個人冷冰冰的跟製作人尋求解決方案，勝過亂噴怒火、摔本子走人。

有家電影雜誌，擬了一份問卷去問十六位好萊塢的頂尖導演，受訪者包括史匹柏與李安。問卷的題目主要是關於拍片現場的工作習慣，例如：「會不會放音樂讓大家更投入工作？」「有沒有在拍片現場哭過？」等。其中有一題是「是否曾經在拍片時氣到亂摔東西，憤而離開現場？」

我以為這些大導演拍的戲都那麼複雜，肯定動不動就現場大怒，而且以他們的地位，就算暴跳如雷、亂飆粗口，應該大家也都會默默承受。沒想到十六位導演中，竟然只有一位說他曾經氣到摔了東西、離開現場，結果情況很尷尬，片場的工作人員手足無措，竟然沒有人上前挽留他。而他走出現場，比較冷靜之後，想到當天還有好幾場戲的進度要趕，他不可能就這麼一走了之，只好摸摸鼻子，自己又走回現場，繼續拍攝。

這位大導演說他經歷過這次之後，就知道：責任在自己肩上時，生氣歸生氣，但不要太誇張，因為如果沒人給台階下，收拾殘局的，終歸是自己。

而受訪的其他十五位導演，對這個問題的回答大都是：生氣是免不了的，但何必摔

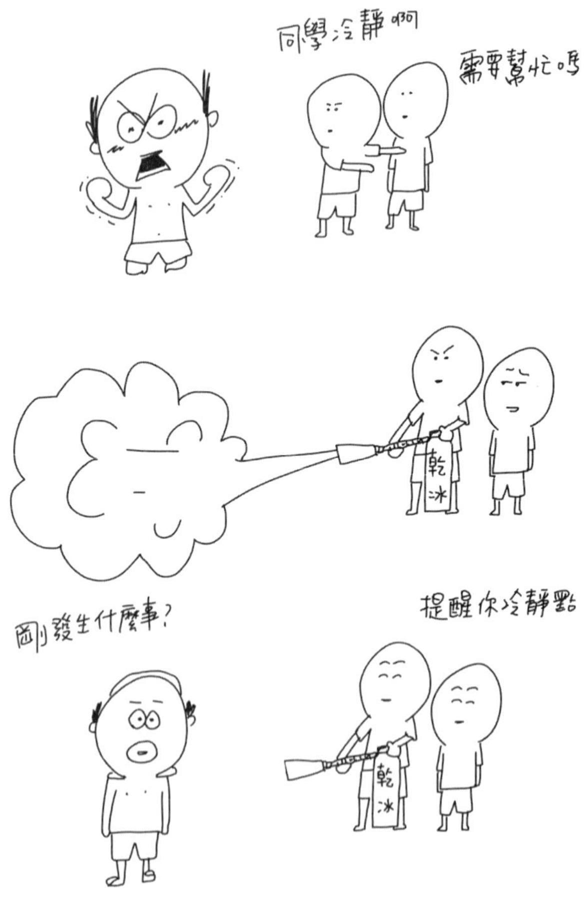
同學冷靜啊
需要幫忙嗎
乾冰
乾冰
剛發生什麼事？
提醒你冷靜點
乾冰

東西走人呢？這樣能解決什麼？對拍片有什麼幫助？

顯然，如果有足夠多要操心的事，也能令怒火變涼。也算是一種傳說中的「我沒時間發脾氣」吧。

手邊現成的問題已經解決不完，再把自己的憤怒變成又一個新增的問題，豈不是找自己麻煩？

「可是，我一點也不喜歡『冰凍』這種能力啊。」我的明星朋友說。

我嘆了口氣。

「好吧，那你喜歡什麼能力？」

「我真的火大的時候，滿腦子就只想著『我要殺死你』！怎麼辦？很神經吧？」他問。

我想了一下，開始跟他亂聊我們都看的漫畫：《火影忍者》與《JOJO的奇妙冒險》，那裡面都有不少想要靠著某種超能力，殺死對方的人。

「我可以把我的憤怒，想成對著對方射飛彈嗎？」他問。

「唔……可以吧，反正只要是夠正式的飛彈，就會有幾個操作的環節，要輸入目標的座標位置、要確認指令、要按鈕，飛彈準備就緒要幾秒，要倒數……只要你認真的想像著這些步驟，你就能有好幾秒不受你的怒氣控制，等到你的飛彈準備就緒，你再回過神來，應該已經比剛才冷靜多了。」我說。

我又想到忍者發動忍術之前，要結的手印。

「其實就算只是像火影忍者那樣，發動忍術之前，先結手印，誦九字真言『臨、兵、鬥、者、皆、陣、列、在、前』，等唸完也就好幾秒過去了。」我陶醉的結著手印。

「那，這幾秒當中，對方會不會覺得我蠢斃了？」他問。

「反正你這麼帥，被對方拍幾張結手印的蠢照，也勝過你去掐對方脖子、踩對方相機吧。」

「有點幼稚啊。」他說。

「是，是有點幼稚。但又怎麼樣呢？情商，常常是我們在內心跟自己玩的小遊戲，小遊戲難免幼稚，但對我們的生活能幫大忙。」

「怒」這個字，上半邊是「奴」，下半邊是「心」。這個字的組成，就是一個最好的提醒：「怒」會使「心被奴役、被控制」。這是很大的代價。憤怒是很有力量的情緒，值得我們訓練自己，成為能駕馭怒氣的主人。

你喜歡哪一種超能力？瞬間隱形？還是瞬間飛走？要不要試試看把你幻想的超能力，安裝到你的憤怒上，看看能不能使你擺脫怒火的控制？

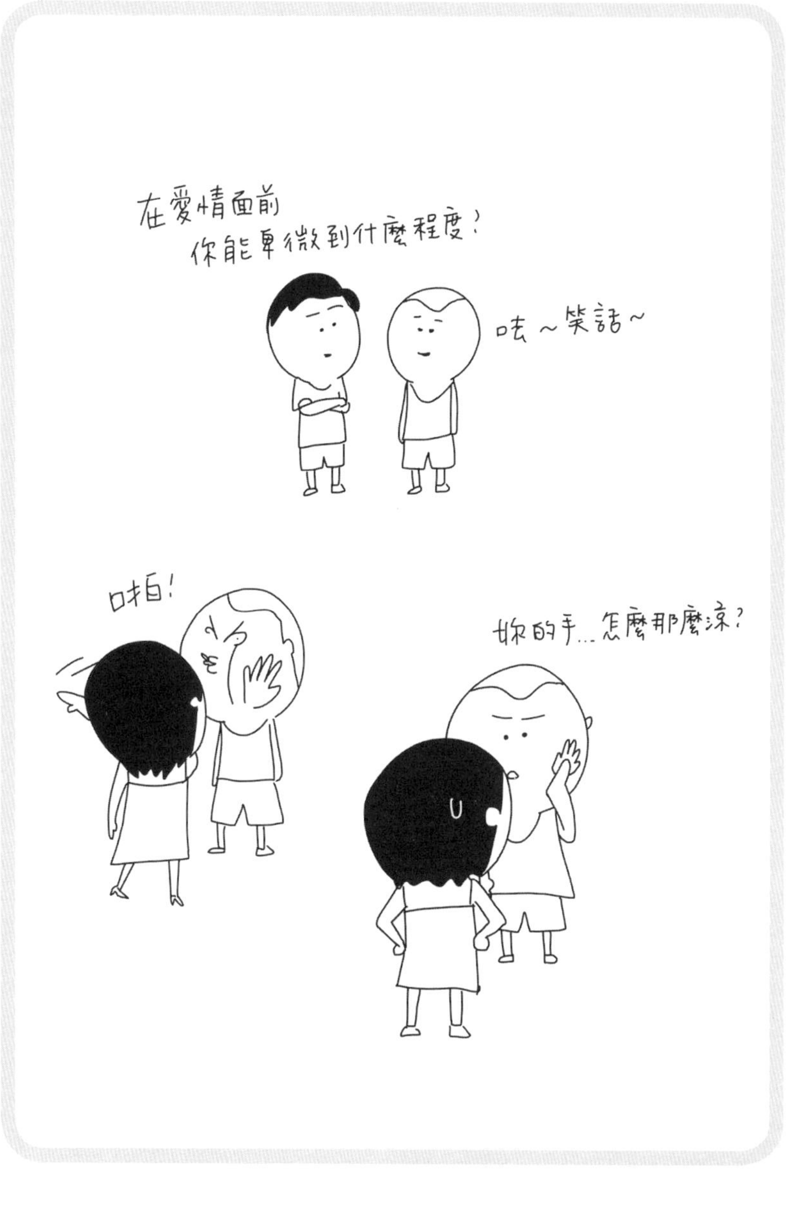
在愛情面前
你能卑微到什麼程度?
呿~笑話~
啪!
妳的手...怎麼那麼涼?

22. 自卑，是來自腦中「理想的我」

感到自卑時，不要只檢討自身的條件，而不檢討別人評鑑你的標準。那個覺得自己永遠不夠好的標準，到底是誰訂的？

沒有人不自卑。

差別只在於，你有沒有把自卑太當回事。

恰如其分的自卑，是一定要的啊。

我認識這麼多以表演為工作的人，他們當中比較被認可的，幸運地得到了「明星」的頭銜，再誇張一點，他們會被稱為「女神」「男神」。

起碼我認識的十幾位「女神」「男神」，沒有一個不自卑。

但他們沒有把「自卑」當成一塊揹不動的石頭，他們不介意開自己的玩笑，讓別人清楚地知道，他們自卑的點在哪裡。

當然，我相信他們也深藏了一些嚴重自卑的事，是沒辦法拿來開玩笑的。那是他們的地雷，踩到會爆炸。

但即使是藏在他們口袋裡的那些自卑，也沒有沉重到拖住他們無法起飛，反而可能促使他們更用力的展現自己。

那些石頭，一定曾經很重，重到小時候的他們，被拖到舉步維艱。但隨著自己長高長大，相對的，那些口袋裡的石頭，就不那麼重了。

關鍵在於：我們要長大，而不是讓那些藏在口袋裡的石頭，越長越大。

我有個朋友，是位明星，也被某些人稱為女神什麼的。她確實很漂亮，但跟任何漂亮或不漂亮的人一樣，她也永遠有煩惱。

「我跟他分手了。」她說。

我一邊品嚐著我的大蒜披薩餅，一邊覺得西方食物不太冒煙這件事，實在是缺憾。此刻有人要講分手的故事，那麼桌上的食物就一定要冒煙啊，那就是人間的煙火滄桑啊。

「我以為他對你很好。」我說。

「我跟他在一起，壓力好大。」她說。「他所有朋友學歷都好高，不是紐約這個大學的博士，就是倫敦那個大學的碩士……」

「你是跟他交往，又不是跟他那些朋友交往。」我說。

「……其實我以前也好想出去念書……」她說。

「你現在很好啊，想念書，將來再找時間出去念就行了吧。」

「……他媽媽，也瞧不起我。」她說。「他們那種家庭，覺得我們這種表演的工作，很丟臉。」

「嗯嗯，聽起來也就是個人云亦云的太太。你跟他媽媽就互相看不順眼吧，又怎麼樣呢？」

「行不通的，時間久了，他一定會被他媽媽和那些朋友影響的。……唉，長大了，很難單純的談戀愛了，對不對？」

「你如果加入別人已經玩到一半的遊戲，當然就要照別人的規矩。但你也可以開始一盤你自己的遊戲啊。戀愛，本來就是一次開始的機會吧。」

在交往中感到自卑，當然很辛苦。

感到自卑時，不要只檢討自身的條件，而不檢討別人評鑑你的標準。如果你只顧著檢討自身的條件，那是檢討不完的。因為只要評鑑的標準有問題，再怎麼好的人，也永

她愛我 她不愛我 她愛我 她不愛我
她愛我!!
你說…
誰愛你啊？
妳什麼時候來的!?
數到愛你的時候♥

遠不夠好。

那個覺得自己永遠不夠好的標準，到底是誰訂的？

恐怕就是我們自己訂的。

我們從小不斷被鼓勵要有夢想，要向偉人看齊，要嚮往一個精采的人生。這些種籽埋在我們的心裡，如人所願的話，會養成一個有意志力的上進者，但也免不了，會同時在這個上進者的心裡，樹立一個再怎麼用力伸手，也永遠搆不著的完美標準。

這個從小懸掛我們腦中的完美標準，成為我們一輩子想要做到的「理想的我」。只要跟這個「理想的我」一對照，我們就會發現自己的各種不夠好：不夠高、不夠會賺錢、對人不夠熱絡，皮膚不夠白，生的孩子不夠傑出，名片上的頭銜不夠響亮……沒完沒了。

我們就是不會滿足。

人類能生存到現在，靠的就是「不滿足」，能弄到多少吃的，就盡量弄到，能控制多少土地，就盡量控制。

其他動物當然也會盡量的吃、盡量繁殖。只是人類的花樣多，除了吃與繁殖之外，我們還給自己找了很多任務，每項任務我們都不會感到滿足，所以人類遠比動物更上進，也遠比動物更自卑。

從小藏在腦中的那個「理想的我」，如果迫使我們永遠覺得自己不夠好，那我們就會同時收到鞭策與自責，鞭策使我們一直努力，自責則終於演化為自卑。

怎麼樣？我們是不是簡直想逼死自己？

不但要努力，還被設定為不能誇獎自己、不能認可自己。

看著在圓輪裡不斷跑、沒完沒了的跑著的松鼠，我們會忍不住發噱，直到我們領悟：我們是在看自己。

在關於自卑的故事當中，我最不買帳的一個故事，是安徒生童話的《醜小鴨》。醜小鴨從小生活在鴨同伴中，因為和其他小鴨長相不同，而受到排擠。醜小鴨去流浪，也因為沒有一技之長，而受到排擠，故事結尾，醜小鴨遇到一群天鵝，卻不但沒遭受排擠，反而受到歡迎，因為醜小鴨其實根本就是一隻天鵝！

呃，第一，長大並不會使一隻鴨自動變成鵝，不會使燒鴨變成燒

你就是那隻在圓輪裡不斷跑步的松鼠，想逼死自己嗎？

鵝，也不會使醜小鴨變成大天鵝。醜小鴨長大，只會成為醜大鴨。第二，如果故事是一隻小鴨，從小長在天鵝群裡而受到排擠，後來終於回到鴨群得到接納，這樣起碼有「我不是異類，我只是從小沒對到組織」的寓意。但小鴨長大才「發現」自己是天鵝，這純屬運氣好、背景硬、血統強。這故事安慰不了人。

快被自卑拖垮的人，怎麼辦？

我的建議是——把「理想的我」這四個字，去掉一半，它只是「理想」，不是「我」。

然後，把真的「我」組裝齊全——主要是把「我的缺點」都組裝進來。

真的「我」就跟炸雞是一樣有優點也必有缺點的，要又香又脆，那就一定同時有這麼多脂肪。要享受小狗的可愛，那也就要準備好塑膠袋親手撿小狗拉的屎。

我們是完整的人，不是超級市場裡去了骨的肉片，我們有優點也有缺點，而且很可能缺點遠多過優點。

我們就只是我們自己，不是高科技中心研發出來完成特定任務的機器人。

我們來活這一遭，是來感受生命，不是被派來參加奧運或月入四十萬的。如果我們在感受生命的同時，發現參加奧運或月入四十萬，能令我們更強烈的感受生命，那我們就往這樣的方向努力。但如果吸引我們的，不是奧運金牌、不是四十萬月薪，而是把別人打扮漂亮、或是想辦法把海水變成可飲的淡水，那我們就往那樣的方向努力。

我們腦中的那個「理想的我」，天曉得是小時候哪部動畫、或是哪個長輩，無意中塞進我們腦子裡的。那很可能是「異物」，會引起身體排斥的。

面對這樣莫名寄居體內的異物，不去檢討它，反而以它為標準，檢討我們自己，這當然不是「愛自己」，也不是「做自己」。這叫「接案子」「出任務」，它是合約上的甲方，我們是乙方。完成不了的話要不要賠款還是切腹？

也許有人擔心，萬一拋開了腦中這個「理想」，而真的「我」，卻只想終日躺在床上追劇吃零食，難道也可以嗎？

唔，這不關我的事。我既沒資格，也沒興趣評斷別人感受生命的方式。只要那人的方式不傷害別人，那我就與那人相安無事。

如果躺床上追劇吃零食，能夠深刻的感受到生命，或者，是那人

「真正的我」就跟炸雞一樣，
既有香脆口感的優點，也有高脂肪的缺點。

盡力判斷之後，為自己決定的感受生命的方式，就沒道理逼迫那人去賺四十萬月薪、或研究海水變淡水啊。

如果躺床上追劇吃零食，是那人某階段的生活方式，那人這樣活到四十五歲，忽然接收到所追之劇、所吃之食、或所臥之床的啟發，而一躍下床寫出了空前出色的劇本、或是調配出空前美味的零食，或者構想出空前舒適的床墊……誰知道呢？

誰知道那個人會不會四十四歲就死了，於是那人是否四十五歲會躍下床，永遠沒人能推斷。或者，那人要八十歲才一躍下床，人稱本世紀的姜子牙，又有誰會知道呢？

反正，感受生命的方式，沒有標準範本。如果你以為有標準的範本，那是誤會。

既然沒有標準範本，就不那麼容易自卑了。我們還是可以常常自我檢討，但那是根據自己的目標，而檢討我們的活法，檢討那是不是我們能替自己選出的、最能感受生命的活法。

那是以「做自己」為標準，而不是以「完美理想」為標準的自我檢討。基於這樣的檢討，而產生的不滿，是有方向的不滿，而不再是莫名的自卑了。

我的女神級明星朋友，如果為了感受生命，而覺得沒有出去求學，是一個缺憾，她就會為了「做自己」，去彌補這個缺憾，但不是因為不相干的人，用他們設定的評鑑標準來壓迫，而感受到自卑。

自卑，是「做自己」的絆腳石，別再把這石頭放在自己的口袋裡了。

醜大鴨自有醜大鴨的生命感受，不必得到天鵝們的了解或認同。

感受生命的方式，
沒有標準範本，也不需要別人認同。

23. 有助於「享受生命」的情緒，都很珍貴

我們以為，我們最懂自己，但當然不是這樣。
我們熟悉的，只是我們曾經出現過的模樣、曾經有過的反應。

我當然喜歡開心，但我不再像小時候那麼推崇開心了。心靈細緻但不開心，或是，心靈粗糙而開心，我一定選心靈細緻。開心有時挺廉價的，無助於享受生命。

我有限的經驗裡，有助於享受生命的，是「樂趣」「喜悅」「寧靜」「完成事情的成就感」。

比較起來，「開心」沒有那麼重要。

你可能注意到我避開了「快樂」這個詞。我暫時不討論「快樂」或「幸福」，因為每個人有自己的方式界定「快樂」與「幸福」。

「快樂」與「幸福」，可能是剛剛那些「樂趣」加「喜悅」加「寧靜」加「成就感」的、不同比重的組合。

其中成分，如果有助於「享受生命」，就很珍貴。

至於「悲傷」「恐懼」「後悔」這些不討喜的情緒，絕對有助於我們體會生命，但有時會妨礙我們享受生命。

對於「是否有助於享受生命」這個標準，如果你也點頭認可的話，以後可以用這個標準，來衡量你最珍視哪些情緒。

附帶一提，我覺得中文的訃聞裡「享年多少歲」的句法，真是美好。並不只是「活了」多少歲，而是「享」年，「享受」了這些年的生命。

如果能夠享受生命，那麼死亡也就只是一趟值得的旅程在最後一定會出現的終點。

「我很沮喪。」她說。「我唱歌根本很難聽，欺騙世界的難聽。」

我朋友，明星，有氣質，會創作，但歌聲真的就很普通。

「你有沮喪到不想活嗎？」我問。

她愣了一下。

「沮喪而已啊，沒有不想活。」她說。「你曾經沮喪到不想活嗎？」

「很久沒有了，但讀中學時，常常不想活。」我說。

「那你怎麼還在這裡？」她惡作劇的看著我。

「因為我唱歌比你好聽吧。」我說。

說完，我們一起大笑。

她倒下，癱在地毯上，縮成胎兒的姿勢，閉上眼。

「這是我的沮喪姿勢。」她說。

「看起來還挺舒服的。」

「嗯，只是會一躺就再也不想爬起來。覺得起來好麻煩。」

我用手去探她的鼻息，她被我嚇一跳。

「你幹嘛?!」

「你還在呼吸。」我說。

「廢話，不呼吸也很麻煩的。」她說。

「你這樣能算是沮喪嗎？我覺得你是在休息吧。」

「是吧。」她把頭埋在胸口。「沮喪就是休息啊，活著這麼累，需要多休息。」

我一點也不喜歡沮喪。雖然說每種情緒都有它存在的必要，不該冤枉它們是負面情緒，但我還是沒辦法喜歡沮喪。

聽了她的說法之後，我默默蜷起身子，窩在她旁邊，躺著。

我試著停止呼吸，果然停止呼吸太吃力了，還是乖乖呼吸比較省事。

可以順著她的意思這樣說嗎？休息，是愉快的休息；而沮喪，是不愉快的休息……

姑且接受這個說法吧。不然一直想，挺累的。

24. 你有很多個面相，保證你自己也不知道

當我們面臨各種挑戰、遭遇巨大的引誘或損失時，都會有某個陌生的面相出現。

「我們電影拍完了，昨天晚上劇組喝殺青酒，我竟然當眾大哭！」他說。

我朋友，電影演員。電影拍完，通常劇組會辦個殺青酒會，大家留個紀念，也發洩一下拍片期間的壓力。如果拍攝時有過什麼不愉快，也可以藉酒遮臉，一笑泯恩仇。

「喝殺青酒時，很多人都會哭啊，跟畢業典禮一樣吧。」我說。

「可是我根本超級討厭這個劇組的啊！我每天去拍戲都好像要去看牙醫一樣！」

「那你還哭什麼？」

「大家都哭了，我就也忽然很想哭。結果我哭得比誰都慘，我最討厭的那個燈光師，竟然還過來安慰我。」

「Kitsch……」我想到了這個字。

「什麼？Kitsch？『刻奇』？」他照著發音，把這個字的中文，唸成了「刻奇」。

是，「刻奇」，一種會發生在我們身上的情緒，發生後，我們會覺得哪裡怪怪的，覺得自己明明並沒有那種感覺，但當下卻忍不住順隨著大家、順隨著現場氣氛，而流露出了很逼真的強烈情緒。

這個經過別人催生之後，不由自主冒出來的情緒，有時候會表現得很誇張，有時候甚至根本是似真卻假的情緒。例如：明明不好笑的畫面，我們卻受到大家感染而大笑。明明不那麼在乎球賽結果，卻因為現場震耳欲聾的加油聲，而加入大家一起變得激動無比、聲嘶力竭、面紅耳赤。

我念小學時，被指派為畢業生的致詞代表，要在畢業典禮上代表畢業生，講一段好幾分鐘的演講，感謝學校的栽培之恩。

當時訓練我演講的老師告訴我，每一屆的畢業生代表致詞，都是那一年典禮的最高潮，在場師生全都哭成一團。

我當時聽到此事，真是頭皮發麻，要我講五分鐘的話，能夠讓幾千人同聲一哭，這到底是什麼樣的演講？難道要講出諸葛亮的《出師表》？

訓練老師並沒有說，如果我上台演講的時候，很冷場，沒有半個人哭的話，我會不會當場被拖出去讓大家用石頭丟，但我光用想的就感到莫大的壓力。

畢業典禮終於來了，輪到我上台時，我頭腦一片空白，才講一分鐘，就「嗡」的一聲，完全忘記了稿子，我到現在依然記得，當時的我拚命維持住煽情的聲調，但內容根本就雲山霧繞，把想得到的詩詞歌賦、風花雪月，全部七拼八湊的胡講一通。

接下來，妙事發生了。校長大人首先拿出了她的手帕，開始擦拭眼角，接著整個會場此起彼落的響起吸鼻子的聲響。我驚魂漸定、三魂回來了兩魂，漸漸想起了稿子，終於回到正軌，有驚無險地把稿子給講完了。最好笑的是訓練我的老師，竟也哭成了淚人，完全沒聽出來我中間把稿子講到去南極跟北極各繞了一圈才又回來。

我自己當時也差點脫水，不是流淚，而是汗流浹背。我後來才在越來越多場合體會到：情境可以催眠個人，群眾可以感染個人，禮俗也可以綁架個人，在這些狀況下，「刻奇」這樣的情緒都會出現。

搞笑節目的罐頭笑聲、煽情節目的現場觀眾流淚特寫、網上看節目時密集彈幕的惡毒嘲罵，都能使獨自在房裡的我們，跟著傻笑或感動或嘲罵。

如果當下有人把我們的表情偷拍下來，事後放給我們看，我們應該會覺得那模樣可真不像我們心目中有主見的自己。

我朋友家，整面牆貼滿了鏡子，我每次在他家看電視，不管是看恐怖片還是喜劇片，中間稍有閃神，目光一移，由電視螢幕無意間轉到鏡子時，就會看到我自己被嚇到張嘴、或被逗到嘻嘻呆笑的蠢樣。

這種時刻，我總是不禁一愣，看著鏡中的自己，默默想著：「這呆子是誰呀？」

我們以為，我們最懂自己，但當然不是這樣。

我們熟悉的，只是我們曾經出現過的模樣、曾經有過的反應。而只要是還沒有經歷過，或是經歷過但我們不想承認、不想記得的，我們就會對自己感到陌生。

當我們面臨各種挑戰、身處各種大型活動、遭遇巨大的引誘或損失時，都會有某個陌生的面相出現。而「刻奇」的我們，只是其中一種面相而已。

所以，說起「做自己」這事嘛，大概沒辦法像開著導航系統那樣，精準地這邊左轉那邊右轉的做自己，只能一邊摸索不斷變化的內在、一邊像畫油畫那樣、東一筆西一筆地添補修改著。

生命本來就不是印刷品，而是每個人一筆一筆畫出來的。

我勸你不要踩
我的底線!!
踩到會怎樣?
對不起
不然就要重畫了

25. 後悔，驅使你活出更好的人生

後悔是遺憾與惋惜，是「但願如此」，是「早知道……就好了。」
後悔是「如果有下一次，有下一個人，我會做得不一樣」。
後悔提供我們校對人生方向的動力與機會。

西方的鬼片，如果是以天主教基督教為基礎，那麼故事中出現的就是「魔鬼」，魔鬼在東方鬼片中很少見，東方鬼片的鬼，是冤魂，不是「魔鬼」。

如果你看西方鬼片出現驅魔的情節，驅魔者一定鍥而不捨的追問這個魔鬼的名字。附在某個無辜者身上的魔鬼，總是會用唱片轉速出問題的嘶啞吼嗚，對驅魔者發出粗魯的詛咒，不過幾個回合下來，魔鬼終究會透露名字，驅魔者一知道了名字，就能呼喊其名，驅退魔鬼。

對於我們的情緒，我們如果能認出它們的名字，而不要人云亦云的、錯誤的稱呼它們，我們就邁出了第一步，可以漸漸熟悉自己的各種情緒，知道它們由哪裡來，可以把它們放到哪裡去。

「我曾經完全失控的臭罵過我爺爺一次。」她說。

她是我朋友，一個明星，平常溫柔有禮，沒想到也能做出臭罵爺爺這種事。

「我猜猜看……是你爺爺欺負了你奶奶？」

「不是這樣的事啦。」她說。

她吃著義大利麵，但她點的是整盤淌著黑汁的墨魚麵，理所當然的，牙齒與舌頭都黑了，活像被毒死之後來申訴的冤鬼。

「你牙齒和舌頭都黑了。」我說。

「我知道。所以只能在你面前吃墨魚麵呀。總不能在其他人面前變成這副德性。」

「你是爺爺奶奶帶大的？」

她點點頭。

「所以臭罵爺爺那一次，我自己也嚇到。」她說。

「後來有跟他道歉嗎？」

她搖搖頭。

「我一直不知該怎麼道歉，拖了兩年，一直假裝沒發生過這件事。然後我爺爺就死了，我很後悔。」

她停下了叉子，低眼望著盤中。

「那次為什麼會痛罵爺爺呀？」

「那時候爺爺跟奶奶身體都不好，我當時收入也很少，想盡辦法存了些錢，要給他們看病用的。我拿錢去給奶奶的時候，奶奶說爺爺一直擔心手邊錢不夠，剛好爺爺有朋友，說拿到幾件轉手就可以賺幾倍的古董，要讓給爺爺來買，讓爺爺可以賺一筆。」

「哎，騙人的吧，轉手就能賺幾倍的事，誰會平白讓給別人來賺？」

「對吧，這是常識吧。可是我知道爺爺一直很羨慕別人靠古董賺了大錢的故事，我生怕他上當，趕快去找他，要當面提醒一番。果然一見面，爺爺就興奮的拿出四、五張古董的照片給我看。我根本看不懂，就是些銅器什麼的。說是剛挖出來的。」

「嗯嗯，這話倒可能是真的，前天先埋下去，昨天再挖出來，確實是剛挖出來的沒錯。」

「我反正一再警告爺爺別上當，之後我就去外地工作了，有天接到奶奶電話，說爺爺還是把錢都拿去買了那些古董，現在怎麼賣都賣不掉，看病的錢全沒了。這下氣得我立刻從拍戲的地點殺回老家去，臭罵了爺爺一頓，爺爺就坐在那兒發著呆，讓我罵。我罵完也不知如何收場，劇組也只准假一天，只好掉頭又趕回去拍戲了。」

「我也做過差不多的事，現在想來，也很後悔。」我說。

「人生如果可以沒有後悔，有多好。」她說。

「唉……可是，如果真的沒有後悔，人生就沒辦法前進了吧。」

寫過《人間詞話》的王國維，有兩句詩：「人生過處唯存悔，知識增時只益疑。」

這兩句詩也許讀起來像是感嘆，但我覺得是真相的敘述。

「知識增時只益疑」，有疑才會有知識，我們這一路累積了多少知識，就累積了多少疑惑。越多疑惑就驅使我們發現越多知識，一旦沒有了疑惑，怎麼可能還會想求知？一日沒有了疑惑，牛頓之後怎會有愛因斯坦？愛因斯坦之後怎會有霍金？

「人生過處唯存悔」其實是一樣的邏輯。人生就是不斷的選擇，但只要選了一邊，就會後悔怎麼沒選另外一邊。我們一邊後悔，一邊活下去，因為後悔形成動力與方向，驅使我們要把人生過得更好。

後悔不是絕望。後悔比絕望多了一樣寶貴的成分——「後悔」裡面，有「希望」。

後悔是遺憾與惋惜，是「但願如此」，是「早知道……就好了」。

後悔是「如果有下一次，有下一個人，我會做得不一樣」。

後悔提供我們校對人生方向的動力與機會。

我們感到抱歉的對象，也許是爺爺、也許是同學，都可能再也遇不到，這造成了我們份內本來就應該體會的、適量的後悔。反芻著這後悔的滋味，促使我們珍惜之後所遇的人，這是「逝者已矣，來者可追」。

許下「人生再也沒有後悔」這樣的願望，萬一願望成真，我們損失可大了，我們會對接下去的方向茫然。

後悔，一直也被當成負面情緒。但我們需要這個情緒，我們只是一直用負面的態度看待它，把它冤枉成了負面情緒。

求神，要喊對神之名；驅魔，要喊對魔之名，不然正面的神或負面的魔，一律都喊不動的。

別把我們依賴的情緒，不斷標上可憎之名。這是了解我們自己的一把鑰匙。

後悔提供我們校對人生方向的機會。

怎麼辦,好像迷路了…
瞎密!?迷路
那怎麼辦?
放心吧
條條大路通羅馬
我們會沒事的
你才羅馬
不是一天造成的…

26.

召喚力量、驅趕「空虛」的神奇咒語

空虛感偶爾就是會飄然而至，在我們頭頂上盤旋，我們充其量只能趕走空虛感，但沒辦法讓它消失、永不出現。因為人生本來就有它空虛的一面。

在《哈利波特》故事裡，那些穿著帽兜破袍、臉如黑洞的飛行獄卒，到底是什麼？電影裡拍他們能把對方的靈魂吸走。被吸走靈魂的人，變得渾渾噩噩。那是什麼情緒？什麼情緒會造成這樣的後果？不是沮喪，沮喪會使我們渾身無力、心灰意懶，但不會使我們渾渾噩噩。也不是痛苦，痛苦有時反而刺激我們爆發、蠻橫、胡亂掙扎。

會把靈魂抽走，使我們渾噩的，是空虛感。

「活著真無聊。」我朋友說。這朋友是位明星，成名甚早，因為是童星出道，九歲就已經嘗到名利滋味。她長大之後，漸漸不那麼紅了，但也無法再適應無名無利的生活，於是卡住，常覺無聊。

「有時候是挺無聊的。」我說。

「那你怎麼還願意做那麼多事？」她問。

「因為，無聊並不有趣啊，無聊不吸引我。」我說。「我只是覺得做事比較有趣，動手做，才有機會把事情完成，就算是洗個碗、種朵花都好，起碼比無聊有趣多了。」

「你這句話根本是廢話啊。我就是覺得做任何事都無趣，才會這麼無聊，不是嗎？」

「你做了世界上所有的事嗎？你造過火箭了？餵過熊貓了？抓過鬼了？出過家了？」我問。

「當然沒有，怎麼可能?!」

「所以你不能說『做任何事』都無趣啊。你只是還沒做到那件你會覺得有趣的事。」

「呿，那萬一我忙了一輩子，這也做，那也做，結果還是沒找到呢？」她說。

「那起碼你也就活過了一輩子了，不是嗎?也許做的事情無趣，但卻因此去了有趣的地方，遇了有趣的人？」我說。「萬一真給你找到有趣的人地事物，不就賺到了？」

很多人都想要樂趣。但很少人認真去找他的樂趣會從哪裡來。

就算不用我們動手，有人餵給我們吃，我們起碼也得動嘴咀嚼，才嘗得出味道吧。只想被灌食的話，再美味也嘗不出的。

在我們的所有感覺當中，空虛感的摧毀力最強，也就難怪《哈利波特》裡的無臉獄卒們，令正反派的人物都避之唯恐不及。

即使最大魔王佛地魔，都可以被摧毀，但無臉獄卒們，卻只能被驅趕，不能被摧毀，他們會一直存在。而且說穿了，他們不見得是看守監獄的獄卒，而是倒過來——他們在哪裡，哪裡就會成為監獄。

對人生來說，空虛感就是如此——空虛感偶爾就是會飄然而至，在我們頭頂上盤旋，我們充其量只能趕走空虛感，但沒辦法讓它消失、永不出現。

因為人生本來就有它空虛的一面。

只要我們一出生，就註定了終點是死亡，就算我們想把臉轉開，把頭連轉七百二十度，也躲不掉這個事實。

我們一定會死，這是人生空虛感的最大來源，也是人生意義的最大來源。好奇妙，對不對？

「怎麼想都覺得人生沒有意義，但只要一想到會死，忽然就一切都有了意義。」

三不五時的感到空虛，在我看來是必須的。對任何事都從不懷疑，整個人像坦克車那樣往前直衝，有屎碾屎、有烏龜碾烏龜的人，也許存在，但絕對不會是我能當朋友的人。

坦克車不需要自我，空虛感帶來的懷疑，對坦克車沒用，但人類要懷疑才會思索，思索才會找到自我。有「自我」，是人與坦克車，以及人與仙人掌或小龍蝦或其他物種的根本區別。

可以參考哈利波特的作法，培養出一個不同時空的自己，站在湖的彼岸。當這個波特快被無臉獄卒把靈魂吸光的時候，彼岸來自另一時空的波特見勢不妙，揮起魔杖，召喚了力量，趕走了敵人，救了這個幾乎成為行屍走肉的自己。

空虛感當然是可以被趕走的，如果你願意費心看看你人生的這兩部分：你成全了什麼，以及，你參與了什麼。

錢少事多離家遠
數錢數到剩零錢
年輕人幹的好
下個月調薪！
這就是佛系的力量

先別管你的壓力、你的任務、你的付出、你的收穫。也就是說，先別把自己當成主角。

先讓自己當配角，或者，當觀眾。

很多時候，空虛感來自：努力了卻毫無回報，念了書還是考不好，磕頭了卻還是沒業績，奉獻所有卻還是得不到愛。

努力都白費，一場空，頓覺百無聊賴、不如睡覺。

依照本能，我們把自己當成生活的主角，但想也知道，生活如果是舞台，我們不可能一直是主角。

主角自然有當主角的期望，要掌聲、要酬勞、要燈光、要票房，如果這些都沒得到，主角會瞬間百無聊賴，覺得白忙一場。

但如果當配角、當臨時演員、當觀眾，著眼的地方自然不同。只要暫時不當主角，就能置身事外。

我有時候不主持典禮，卻願意去典禮中頒獎，一方面是表示支持，另一方面是想在後台看看大家各自忙些什麼，佈景如何，表演節目如何，觀眾席中大家表情如何，我既不用主控現場，也不擔心典禮節奏，說白了就是去後台嗑瓜子看看戲再幫一點忙。只有透過這樣，我才知道平常自己埋頭工作時，別人參與了什麼，別人成全了什麼。

沒有人是不可替代的。很多事，不是我們創造的，我們只是參與、只是成全。別人創造了一個餐廳，你去消費，吃了他們的菜，添了他們的人氣，你沒有創造，但你參與了、也成全了這家餐廳。

當我們認知自己不是主角，而是參與及成全的人，我們比較容易把目光放在過程、放在大家成全出來的成果，而不是放在個人收穫上。

我們來試試看這個作法：

關於空虛感最有名的故事，是神話人物薛西弗斯（Sisyphus）的故事。

在古希臘神話裡，薛西弗斯得罪了眾神，於是眾神罰他推大石頭，這個刑罰又累又狠，狠在設計刑罰的用心，眾神讓薛西弗斯推的不是一顆又一顆的大石，而是每天重複的推同一顆大石。

每天，薛西弗斯費盡力氣，把這顆大石推到了山頂，大石就一定再滾下山來，回到原位，等著第二天薛西弗斯再推一次。日復一日，永無休止。

後來的作家卡繆（Albert Camus）深深感到這位薛西弗斯的處境，就是我們大家生而為人的處境，日復一日，被逼著做同樣的事，最後也無非是死，重來多少遍都是一樣。卡繆藉這故事揭露人生的荒謬，主張必須去掉所有粉飾太平的所謂人生目標，或是對光明未來的廉價允諾，要硬碰硬的直接面對最原始的生命面貌。卡繆的用詞是：「世人終將找到荒謬之酒、疏離之食，來養成自身的偉大。」

我跟卡繆想的不一樣，我不想硬碰硬，我也不那麼嚮往作為人的偉大。我只想找到辦法，與空虛感融洽的相處下去。

我們不是主角，
而是參與及成全的人。

即使是推石頭的薛西弗斯，我也一樣會建議他可以感覺一下他所參與及成全的這一切。

以推石頭來說，就算有生之年，每天推的是不同的石頭，也如同愚公移山，沒辦法以一人之力，就推動足夠的石頭，在山頂堆出一座城堡。

我們上學時，被逼著日復一日地背書、考試、背書、考試，終於有一天畢業了，不用再應付考試了，所有硬背的課本內容，不論是數學公式，還是化學元素表，也都由腦袋中清空，一分不剩。或者，為了買房子，日復一日去上班，領到的薪水都拿去繳貸款，終於有一天貸款交清，不用再為了薪水上班，也到了退休的年紀，房子要給小孩了。

這都是薛西弗斯的處境。站在個人收穫來看，確實荒誕且空虛。但如果能把目光放在「參與了什麼」及「成全了什麼」來看，感覺會很不同。

上學的過程，學到了關於友誼、榮譽、自尊、群體生活等種種足以讓我們探索自己的事；上班的過程，感受到了家庭的變化、時間的逝去、跟同事的合作或不合，更懂了人心與世界，也仍然學到了種種足以供我們探索自己的事。

即使不是主角的時刻，我們仍然生活著。薛西弗斯確實每天只是推同一顆石頭，但季節在變化，上坡下坡的沿路各有植物動物生老病死，他踩過的步伐可能鬆動了土壤，令土中生物滋長，他每天的移動可能攜帶了種子，令植物得以散佈到遠方。

每天在同一條路線上往返的地鐵駕駛，每天到課堂上教同一門課程的老師，每天為家人煮飯洗衣的主婦，如果他們都只盯著手上在做的那一件事，那麼日復一日的荒誕感，難免令當事人感到疏離與空虛。

但如果他們能看到沿路所參與的別人的人生、所成全的別人的人生，感覺就會不一樣。

樂趣、或者責任感，就是在這樣日復一日的生活中出現的。而樂趣與責任感，正是召喚力量、驅趕空虛的神奇咒語啊。

對應於薛西弗斯推石頭的故事，我想講一個少年挑水的故事。這故事是我在一位日本和尚的書裡看到的：

有個少年每天要為廟裡挑水，爬很遠的山路，擔著廟裡的兩個大木桶去挑水。一個木桶堅固，但另一個木桶破舊有縫，老是漏水。每天少年辛苦把水挑回廟裡，一桶水完整，另一桶水則漏到只剩一半。

少年挑了幾個月的水，有一天坐下休息時，漏水的木桶很內疚的對少年道歉：「都是我不好，害你每天花一樣的力氣，卻只能保住半桶水，我真沒用，比那個堅固的木桶差太多了，對不起。」

少年聽了大笑，抱起這個木桶，帶它去看沿路的景象。少年告訴這個漏水的木桶：「你不用對我道歉，反而是我要替大家謝謝你。你看我們每天沿路漏出來的水，讓這麼多本來長不大的小花小草，都長得這麼好啊。」

好啦，我猜廟裡的和尚們不夠水喝的時候，可能未必會感謝這個漏水的木桶，但應該還是會對少年的想法點頭贊許吧。

同一條山路上，我們可以既是推石的薛西弗斯，也是賞花的挑水少年，有時挫折空虛，有時拈花微笑。

我有一陣子迷上一個遊戲，本來循規蹈矩，由基層開始，一關一關往上打，但眼看身邊朋友，級數都比我高、戰力與裝備都遠勝於我，令我非常不耐。

結果其中一個朋友，不想玩他的帳號了，他的帳號的一切條件，都是我再打半年也追不上的。當時我手上有一雙廠商送的限量球鞋，據說很難買到，結果他就提議拿他的遊戲帳號，跟我交換那雙球鞋，我立刻就答應了。

拿到他的帳號之後，我在遊戲中瞬間橫行無阻、所向披靡，但玩了三天，我就感到索然無味。

我跳過了麻煩的過程，撿了一個現成，但也就是因為如此，玩起來特別沒勁，所有的戰果與炫目的人物造型，感覺都與我無關，我彷彿只是在代替別人打這個遊戲，既沒了樂趣，也沒了責任感。

後來我就放棄了這個交換得來的帳號，回頭去玩我那個配備又差、戰力又低的初級玩家帳號了。起碼那裡面有奮鬥的樂趣，也有對遊戲角色的責任感。

現成的遊戲帳號，
你要不要？

樂趣與責任感，是趕走空虛感的重要咒語，這兩樣東西，未必來自明確的人生目標，而更可能來自不可預料的過程，來自我們參與或成全的，別人的人生。

至於人生最終極的空虛，關於人類活在這個宇宙中小小的寂寞星球上，到底有沒有意義這件事，據我所知，很難會有令你完全放心又服氣的答案。

如果此生找不到意義，那麼宗教上承諾的來生，也就同樣找不到意義，因為找不到意義的事，不會因為做兩遍就忽然找到了意義。

如果你自己的人生找不到意義，那麼你再怎麼把自己的人生奉獻給他人，也還是找不到意義，因為他人的人生，並不會比你的人生更容易找到意義。

這些都是哲學討論了很久的事，越討論恐怕越空虛。但若你願意把目光轉開，也許你會發現：樂趣與責任感，倒都挺扎實的。

能嘗到樂趣、或身負責任的人，一定常常大喊「好累呀，快累死了！」，但很少會呢喃「真無聊啊，真空虛呀。」

如果我們感受到了自己日復一日在推石頭，想一下，也許推石頭只是我們生活的方式，而不是我們樂趣與責任感的來源。

至於有沒有人，已經徹底被空虛感擊垮，而對任何尋找樂趣或建立責任感的機會，

不必糾結過程有多曲折
不論做什麼事 達到目的的方式不只一種
條條大路通羅馬
只有走過彎道的人才知道
終點的風景多迷人

你看是不是這麼回事？

所以你多繞的二十塊不給不行囉…？

都提不起勁了呢？我知道確實有這樣的人，且大有人在。

只是那個人不是你，因為你還提得起勁翻看這篇文字，你的身與心，都比你以為的更不肯放棄，還是在期待、還是在探尋值得你體會的樂趣與責任。

我們都曾經是小孩子。在當小孩的階段，我們沒能力靠自己創造出什麼，我們很多「要做科學家」「要當公主」之類的夢想，也都只是被灌輸得來的。但這樣的我們，其實以非常關鍵的位置，「參與」了父母家人的生活，「成全」了父母家人的生活。靠著這樣的參與及成全，我們在小孩階段，多半也得到了當時的樂趣，培養了當時的責任感。

那時我們還小，不會苛求自己，於是「空虛感」也無從為難我們。

現在雖然長大了，我們還是可以別苛求自己，如同兒時。

我們現在懷抱的那些達不到的雄心壯志，其實可能很像兒時那些「要做科學家」「要當公主」的綺夢幻想，依然是被灌輸的。

我們該費心探尋我們內心真正想過的生活，而不是盲目追隨外界的標準，來苛求我們自己，一旦做不到，就感到空虛，這樣太為難我們自己了。

27. 離開同溫層，多交專門唱反調的朋友

友直、友諒、友多聞，其實就是友這個廣闊的世界。

有一晚深夜，一場歐洲的足球賽，在網上現場直播，我有兩個愛看足球賽的朋友，都是明星，而且都是混血兒，其中一個有混到德國血統，另一個有混到義大利血統。

他們一個支持德國隊，一個支持義大利隊。

整晚我的手機，不斷收到他們各自傳來的訊息，一個不斷跟我罵裁判多麼偏心義大利隊，另一個不斷跟我罵裁判多麼偏心德國隊。

我煩到不行，最後忍不住把他們雙方的信息截圖下來，傳給另一方看。

「同一場球賽，哪有可能一個裁判同時偏心兩邊的球隊?!你們看看你們自己的發言，合理嗎?!」我發了這樣的訊息給雙方。

過了幾秒，他們同時回了我訊息。難得的是，這次他們傳來的訊息，內容竟然達成

一致了！

「看球賽嘛，為什麼要合理?!」

我們以為自己憑客觀線索所做的判斷，往往只是我們一廂情願的主觀想法，所以才會有兩邊的球迷都在抱怨裁判偏心敵隊的奇特現象。

得過諾貝爾獎的經濟學家西蒙（Herbert Simon），以及心理學家布羅德本特（D. Broadbent），都各自做了研究，證明人的理性是有限的，叫做「有限理性」理論。意思是我們判斷事情之前，雖然會蒐集線索，可是我們蒐集的能力有限，腦容量也有限，就會在所有線索中，優先選擇那些我們一聽就認同、一看就順眼的線索，然後依據這些線索做出來的判斷，當然也就只會符合自己的偏好了。

一直看同類的戲劇或書籍，一直吸收本來就知道的內容，一直討論本來就同意的事，等於一直活在同一個房間裡，辜負了世上這許多與我們不同的人、不同的想法。

盆栽長到一個程度，就會被花盆困住，無法再長。土地裡生長的植物，才可以真的長大，並把種籽散佈到遠方。

我有時候想到孔子建議我們交的三種朋友，我就很佩服他的見解，他早就發現，我們只喜歡一聽再聽那些我們本來就同意的、了無新意的內容，所以他建議了「友直、友諒、友多聞」。

交朋友，交那些不怕跟我們唱反調的朋友，交那些能夠理解各種立場的朋友，交那些見識廣博、見解多元的朋友。

如同我那兩位混血朋友的態度，生活當然要有容納自身偏見的空間，看球賽時，可以盡情耽溺在自己的偏見裡，反正倒楣的就是那位怎麼做都挨罵的裁判。

可是，如果真有「做自己」的決心，請鄭重的對待自己，給自己感受世界的機會與能力。畢竟「做自己」不是空喊就會開心的口號，而是走一步算一步的真實生活，所得的每一分，都是為自己得分，比坐在場外喝啤酒、吃披薩、罵球員、罵裁判，要艱難得多，當然也過癮得多。

友直、友諒、友多聞，其實就是友這個廣闊的世界。要用這個世界對我們的理性施肥，用這個世界來啟發我們的內心，而不是委屈自己，盲從我們受過的有限教育。

你目前為自己設的目標、你宣稱的夢想，真的是你要的生活嗎？再推敲看看，再誠實一點、再勇敢一點。別為了別人灌輸給你的妄念，而無辜的陷入「無法完成任務的空虛感」。

快被空虛感淹沒的時候，擁抱一下這個豐滿的世界，多推幾扇窗，多向不同的窗外探看。

你的目標和夢想，
真的是你要的生活嗎？

PART-5

讓山是山，讓我們是自己

28. 沒有「完美的幸福」，只有「我的幸福」

沒有人能追求「所有的幸福」，這種東西不存在。只有一種東西，是「『我』的幸福」。

小時候，家中來往的客人中，有一位來自老派有錢人家的遺老。即使不是過年過節的平日，只要他來家做客，如果遇到家裡幫忙的人，他一律每個打賞一個茶包，這是他日常的派頭，所以他是我家很受歡迎的客人。

這位遺老有天來家中閒聊時，講了一件他家的事，我當時大概十歲，聽了很生氣，也很害怕。

遺老說他的爸爸，是從少年時，被他的祖母一路餵鴉片菸長大的。我根本沒想過，會有家長餵自己家的孩子吸鴉片，不但難以置信，而且覺得好黑暗。那時候當然只是小孩見識，想不明白。

遺老看我那麼氣，笑著告訴我原委。

遺老的爸爸，是他們家裡那代的二少爺，上面有個哥哥是大少爺，這大少爺，也就是這位遺老的大伯父。這大少爺一心大展鴻圖，被身邊狐朋狗友慫恿著到處投資，把家產花去幾乎一半，血本無歸。

大少爺的媽媽急壞了，禁止大少爺再動家裡的錢，大少爺憤而離家。家裡剩下二少爺，媽媽擔心他又步上大少爺那樣亂投資的路子，於是依照家族裡老一輩人的指示，讓這個二少爺從少年時就吸上了鴉片菸，藉以把他留在家裡，不會出門結交三教九流的朋友，也不會有什麼雄心壯志。

雖然二少爺的人生就此在鴉片榻上度過，但這樣總算保住了剩下的家產。二少爺也依照媽媽的安排，娶妻生了孩子，其中一個兒子，也就是講故事給我聽的這位遺老。要不是當初的鴉片手段，也許遺老就過不上現成的富貴日子了。

這麼多年過去，我還是鮮明地記得當初聽到這件事，憤怒到顧不得對長輩的禮貌，從位子上跳起來大喊：「怎麼可以這樣?!怎麼可以?!」

我大喊完之後，這位講故事的長輩既不訝異，也絲毫沒有被冒犯，只是平靜微笑著說：「是啊，就是這樣。」

當時在場的我家這邊的長輩，只有我舅舅，我就問我舅舅：「真的有這種事?!」舅舅也是回答：「是啊。」我接受不了，立刻離開客廳，躲回房間去生悶氣。

我不只生氣，心裡還有個不祥的預感，覺得頭一次隱約嗅到了大人世界那種安之若素、滿不在乎的黑暗。

我偶爾還是會想起這個故事，我在想這一家母子三人，唯一得償所願的，是母親吧。她留住了錢，也順便把二兒子留在了身邊。對她來說，這想必是比任由家產被大兒子亂投資花光，要好多了。

大兒子與二兒子，應該都不能算幸福。但如果勉強一定要猜測哪位比較幸福的話，你覺得是哪位？或者說，如果你必須在這兩人的人生當中選一個來過，你會選哪個？

你願意過大少爺的人生，還是二少爺的人生？

如果以「做自己」為標準，我們應該會選大兒子，畢竟他擁有過一段痛快揮灑的時光。雖然後來他闖蕩世界的本錢被媽媽收走，但他終究還有自己，也許他樹立了一點江湖名聲？交到了幾個真心朋友？見識了一點世面與人心？

這些可不可能成為他日後成長的基礎？他應該會有要向家人「證明自己」的動力，或者有「王子復仇」的心？只要他有意志力，也懂得學習，似乎有可能成就一個跌倒又爬起的好故事。

至於被困在鴉片床上的二兒子，如果一直交不到朋友，見不到世

你嚮往
哪一種生活？

面，整天暈陶陶軟綿綿的，一切由媽媽安排，似乎很難培養出意志力，也缺少向任何人證明自己的動力。但他算是平安也寬裕的度過了一生。

我後來再也沒機會向那位遺老長輩請教，我完全不知道他家這二位少爺後來的完整人生故事。

有人羨慕安逸的、飯來張口的生活，那是二少爺的生活。也有人嚮往闖蕩世界、一身傷疤的生活，那是大少爺的生活。

兩種人生都說不上多幸福，一定要比較的話，似乎只留下一個標準：他們二位，誰比較有機會探索了「『我』是誰」，誰比較有機會去感受「什麼樣的生活是『我』要的生活」。

沒有人能追求「所有的幸福」。

這種東西不存在。

只有一種東西，是「『我』的幸福」。

要幸福的人，要先擁有「我」。把「我」搞丟了，抽屜的鎖就打不開，抽屜裡的幸福就永遠拿不出來了。

現在可愛風才是主流
你這樣怎麼會有市場
就叫你要可愛一點

29. 生命，要用在自己真正在乎的事

有的時候，所謂的社會，其實對我們沒什麼要求，但我們會自己給自己來個角色設定，向社會展示我們的存在。

我有位朋友，據他自己的說法，最近才剛開始感覺自己總算是個明星了。他自幼在山村長大。他喜歡告訴我他童年的趣事。有次我們一起吃蛋糕，他說：

「我們那裡的小孩，只有停電時才點蠟燭，平常亂點蠟燭，會被媽媽罵浪費。後來有一個小孩從城裡回來我們村子。他過生日那天，請我們去他家，他媽媽拿出來一個好大的蛋糕，然後在上面插了很多根點好的蠟燭，他吹蠟燭的時候，他媽媽帶動我們一起拍手唱生日歌。那是我們這些村子裡的小孩第一次看到點著的蠟燭插在蛋糕上，後來我們就都學會了這招。」

「媽媽不會罵你們浪費了啊？」

「會啊，我們都拿家裡用剩的亂七八糟的蠟燭亂插，連吃西瓜也插，媽媽罵我們又

浪費蠟燭、又浪費西瓜，哈哈哈。」

儀式這種東西，往往徒具形式，本來就要靠不那麼死板的人亂搞一下，才會恢復一點生機。

「後來有一天，老爺爺村長死了，大家被叫去行禮，也不知道又是跟哪個城裡人學的，桌上放了村長爺爺的照片，照片前面還擺了一大堆吃的喝的，還點了好大的蠟燭，結果我們這群小鬼，走進去一看到蠟燭，大家就趕快拍手唱歌：『祝你生日快樂，祝你生日快樂……』，裡面所有人都傻眼，哈哈哈哈。」

我想像那個畫面，也跟著大笑。

《禮記》說過：「里有殯，不巷歌。適墓不歌。哭日不歌。」說遇到喪葬時刻，都不該唱歌。但《莊子》裡也描述莊子的太太死了，莊子蹲坐靈堂上，敲著瓦盆打拍子，大聲唱歌。莊子告訴來弔唁的人，說他想過了，人有生有死，如同四季變換，他太太死了，回到了大自然，他這樣想之後，就決定不哭而歌了。

我們表現出來的情緒，有時不是真的，只是禮俗的要求。

葬禮上，有些家屬唯恐自己表現不夠哀痛感人，會請專業人士來表演聲嘶力竭的孝子孝女哭墓。另外也有些地區，為了答謝前來弔唁的親友，除了擺酒席，還會找專業人士來表演一些火辣的歌舞，以示誠意。反正不同背景的人，會有不同考慮。

情商，是在追求我們情緒的平衡。社交禮儀的要求，與我們真正感受不一樣的時候，在當中找到平衡，我們才會平靜。

日本戲劇中，常常有角色是身著西裝領帶、畢恭畢敬的上班族，下班後一攤又一攤的喝酒，喝到在路邊吐、在路邊睡，令外人好奇到底何苦如此。壓抑得太用力，又解放得太用力，只會惡性循環得更累。

很多時候，所謂的「社會」，是人自己想像出來的。而想像出來的東西，當然會比真實存在的更難滿足，因為根本搞不清這東西是怎麼回事。一旦有人把「社會的要求」壓在「自己的需求」之上，就會累到怎麼做都還是擔心做得不夠。會花錢請根本不認得的人來葬禮上嚎哭，當然是在乎所謂社會的目光，遠超過在乎自己的真心感受啊。

也有的時候，所謂的社會，其實對我們沒什麼要求，但我們會自己給自己來個角色設定，向想像中的社會展示我們的存在。

開會時,老闆突然對員工精神喊話
我的字典裡
沒有"失敗"這兩個字!!
哈哈哈哈
老B!你笑屁啊?
老闆,我的借你
在108頁

我看《三國演義》，看到關羽中了毒箭，由名醫來刮骨去毒的片段，說醫生本來要給關羽準備固定手臂的柱子、套環，拿繩綑住手臂，以免關羽痛到掙扎，而且還要用布蓋住關羽眼睛，以免他目睹血腥畫面。結果關羽回答醫生：「吾豈比世間俗子、懼痛者耶?!」

於是，醫生割開皮肉，用刀刮骨，「悉悉有聲，帳上帳下見者，皆掩面失色」，只有關羽一邊談笑下棋、一邊飲酒吃肉。這當然是驚人的人物設定，一般人就算只是被蚊子叮，好歹也要揮手趕蚊子，哪能這麼悠哉。

我懷疑小說太誇張，就去找了正史《三國志》來比對，也照樣是講關羽「臂血流離，盈於盤器，而羽割炙引酒，言笑自若」。

且不說關羽對自己的人設要求是怎麼來的，如果是今日在開刀時，有病患要求在手術房玩這一套，醫生也會很困擾吧。

關羽是傳奇人物，他對自己的人設，關鍵的決定了他人生的幾個重要時刻。他超級的「做自己」，但這個「自己」是由小說家塑造得格外有舞台感。

《三國演義》的第五回，關羽還只是一個馬弓手，當時十八路諸侯聯軍討伐董卓，遇上董卓手下的猛將華雄，華雄斬了聯軍好幾個大將，聯軍無人可敵，結果馬弓手關羽跳出來，要去對付華雄，聯軍的盟主覺得派一個不知名的馬弓手出戰，也太丟臉了，但參與聯軍的曹操，卻出於欣賞，給關羽撐場面。曹操熱了一壺酒，要送關羽上場去決鬥。這時的關羽根本還沒人認得，實在不可能有什麼「社會對他的要求」，但關羽給自己的人設已經很明確了。關羽對曹操說，酒請先倒好，但不忙著喝，因為「某去便來」，說得像是去上個廁所、而且只是上小號一樣，去一下就馬上回來。

決鬥的場面，小說家沒有描述，只說「喊聲大舉……眾皆失驚」，然後「鸞鈴響處，馬到中軍，雲長提華雄之頭，擲於地上。」

接下來，最厲害的四個字來了：「其酒尚溫」。

關羽初次登場的處女秀，除掉一個大家都頭痛的強敵，花的時間短到只讓一杯倒好的熱酒變溫而已，不超過五分鐘吧。神奇之處在於：這是關羽為「我去一下，馬上回來」所自己設好的計時馬錶，如果這杯酒事先就被喝掉，他耍帥的威力就會降低九成啊。

小說裡的人物，風格越強烈，小說就越好看。用小說裡的人，來對比活在現實中的自己，很有趣，像是在色卡上，先看到最深的顏色，再看看自己是什麼顏色。

小說裡的關羽，顯然有他的「自我期望」。他的「溫酒斬華雄」「刮骨療傷」，都是根據這個自我期望而表現給別人、給社會看的。

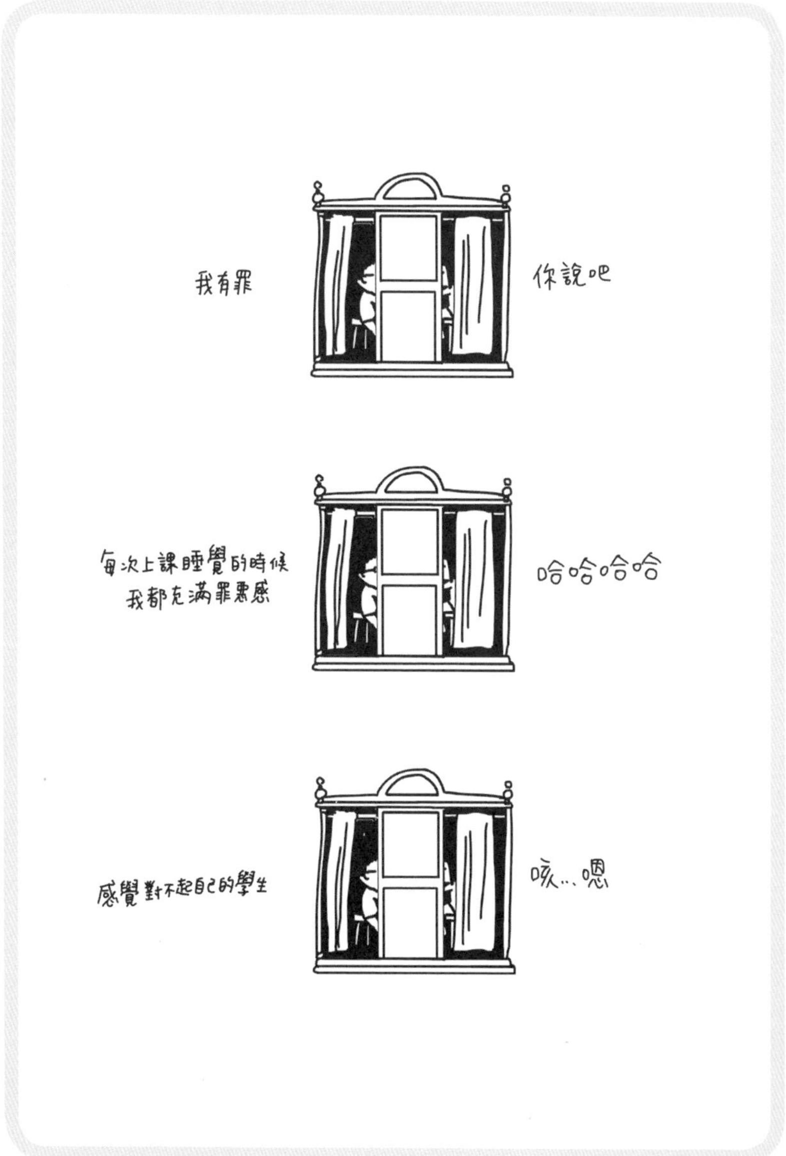
我有罪
你說吧
每次上課睡覺的時候
我都充滿罪惡感
哈哈哈哈
感覺對不起自己的學生
咳…嗯

關羽的自我期望是怎麼來的？《三國演義》沒講，反正不講也無礙於小說的精采。

但我們的自我期望，是怎麼來的？有道理嗎？

如果被這個自我期望日夜折磨，折磨到吃不消，難道還硬要扭曲自己，去符合這個自我期望嗎？不要吧。既不應該，也不必要，硬弄也弄不來啊，如果根本沒弄清這樣的自我期望是從哪裡來的，那就打掉重練，修改這個自我期望吧。

很多自我期望的來源很荒謬，卻控制我們很長的時間。

如果要給我刮骨療傷，我絕對跪求八桶麻醉藥，乖乖躺平，既不想聽「悉悉有聲」，也不想看「臂血流離」。我的勇氣與意志力有限，每個人的勇氣與意志力都有限，這有限的勇氣與意志力很珍貴，要用在我們真正在乎的事，而不是在眾人面前耍帥，除非耍帥剛好是我們的至高追求。

小時候還在摸索一切，當然是穿爸爸媽媽買給我們的衣服、鞋子。長大以後，就可以自己選衣鞋，而不必再把自己塞進別人說好看的衣鞋裡了。

不用耍帥給別人看，
打掉重練又怎樣？

30. 醒醒吧，別再用阿Q精神勝利法逃避現實

只要你曾經玩過遊戲，你就一定具備某種自欺與欺人的能力，如果方向對了，你就一定也能掌握鍛鍊情商的能力。

「為什麼那個人，老是扯我後腿呀?!」

「你說的是誰？」

「那個人啊！」

「誰？」

她沒有繼續往下說，因為說出來很奇怪，但似乎又是真的。

她說的那個人，正是她自己。

怎麼會有人扯自己的後腿呀?!

因為有些事，我們不想面對。

網球巨星納夫拉蒂諾娃，得過五十九座大滿貫，有一次她說了個自己的故事，她曾經在某一系列比賽的一開始，就不斷輸給某位網球新秀，結果她在那系列的比賽中越打越收斂，故意不使出全力，因為她心想：一旦使盡全力還是輸給新秀的話，她就會被迫要面對「自己實力已經不行了」的殘酷結論。

我們三不五時都會這樣，這在心理學上，叫「自我妨礙」。

考試前夕，隱約覺得今晚就算不睡覺，拚命念書，也是來不及的了，於是索性故作瀟灑，約朋友去唱歌出遊。這樣第二天考壞了，可以說成是自己擺明了並不在意這場考試，考不好是自己的選擇。非不能也，實不為也。

我主持過一些節目，講讀書的，收視率都很低，幾乎是零。後來我就自我安慰說，看電視的人，跟看書的人，是兩種人，別指望在電視上講讀書會有收視率了。

這根本是我在逃避責任。既然要做講讀書的節目，就應該想盡辦法讓別人願意看我們介紹書。不管是用戲劇、用綜藝，總是要竭盡所能。如果不肯竭盡所能，我就不會比任何人更有資格做讀書方面的節目。

你終於到了
等你很久了
FINAL
……呼
喝杯水吧
誰說要比賽了
我只是用跑步欣賞
沿途風景罷了

既然要打網球、要考試，要做讀書的節目，卻又自己伸出左腳去絆自己的右腳，故意把自己絆倒，我們是在自欺欺人。但其實欺不了人，我們在逃避什麼，別人看得很清楚，我們只是自欺而已。

還有一種自欺，是故意設一個達不到的目標。

這在心理學上，叫「虛假期望」。

「等我賺到一億，你就知道我有多厲害！」大概就是這一類的宣示。

「等我得了諾貝爾獎，我們就結婚！」聽了是不是覺得對方毫無誠意？

這樣的人是「台階大王」，早早就給自己搭好了台階，他們聰明，知道立志不能立太小，因為志願太小，卻還是達不成的話，自己的人設會崩塌。

對這種虛假期望，長輩或伴侶常常會吐槽：

「等我賺到一億……」

「呿，你先賺到十萬再說吧！」可能是老媽、或是夫人直接就拆穿。

「哼，我哪會在乎十萬這樣的小錢！」通常就這樣不了了之。

一樣的，別人都看清楚我們在幹嘛，但我們還是想自欺。能矇混多久，就矇混多久。

「自我妨礙」與「虛假期望」，都很耽誤事，主要是耽誤我們自己的人生進度。

但，其實擅長「自我妨礙」與「虛假期望」的人，都已經觸及了情商的訓練，只是方向偏了。

在作家魯迅所創造的經典《阿Q正傳》裡，阿Q有幾種自欺的精神勝利法，有時阿Q被別人欺負了，他就把對方想成是自己的兒子，然後在心裡感嘆世風日下：「今天終於被兒子打了，現在的世界真是不像樣……」

阿Q的遭遇很悲慘，他的精神勝利法，完全沒幫到他什麼忙。

因為阿Q把他的情商潛力都往逃避的方向發展，都拿去建立「自我妨礙」與「虛假期望」了。

要不然，不論是阿Q，或其他擅長自欺的人，其實都已經具備了換位思考的基礎能力。他們能輕易地把自己想成另一個人，只是他們誤用了那個被想像出來的分身的功能。他們指望那個想像出來的分身，能代替自己活。

想像出來的分身，適合聽我們傾訴，適合跟我們談最深的祕密，分身也適合在最迫切時，在旁邊觀察我們、提醒我們，把我們帶離當下的時空、去別處透透氣。

但這個分身功能有限，分身最不能做的，就是分身無法替我們活。

阿Q精神勝利法、自我妨礙、虛假期望，那都是打算讓想像出來的分身代替我們活，一旦拆穿，一無所有。

我們三不五時都會依靠這些手法，讓自己喘口氣，像這些球賽的名次呀、考試的成績呀、節目的收視呀，都只是一時的事，過了那個階段，逃避完成，應該就會清醒過來，並不嚴重。

也許清醒之後，反而更能體會，躲在這些自欺的手法中，一定更加做不了自己。

情商的訓練，本來就包含著某個程度的「自欺」，與某個程度的「欺人」。這正是情緒最奇妙的地方。如果完全不能自欺，不能欺人，哪裡還能有這麼多在殘酷人生中、上下騰挪、迴旋閃避的空間？

跟生命一翻兩瞪眼，那是河流中鯊與魚的殺戮遊戲，是樹叢間蜘蛛與蝶的殺戮遊戲，那不是我們人類的心靈遊戲。

自欺與欺人，本來就是遊戲能夠成立的關鍵，各種運動遊戲、棋類卡類牌類遊戲、電動遊戲，都必須憑空虛構規則，才玩得起來。

情商確實是心靈的遊戲，只是這遊戲不是為了娛樂，而是為了給我們強大的力量。德國作家席勒說過：「當人遊戲時，人才完整；當人完整時，他才遊戲。」只要你曾經玩過遊戲，你就一定具備某種自欺與欺人的能力，如果方向對了，你就一定也能掌握鍛鍊情商的能力。

想想看，你曾經在哪些遊戲中，通透了規則，成功的欺敵？

把那個能力，用在自己身上，你一定就能洞察自己的內心，破解自己自欺的手段，轉而把自欺與欺人的本事，發揮在情商這個心靈遊戲上，帶領自己趨吉避凶，直面根本，準確的往「做自己」的目標前進。

只有動物才依據本能生活，人類有這麼多超過動物的心靈活動，當然必須依靠這麼多本能以外的本事，來支撐這樣的生活。動物是說不出「我」字的，所以，「『我』想要像動物那樣生活」是辦不到的，因為這句話本身就無法成立啊。

31. 盡了人事之後，才聽天命

為什麼別人的挫折，我們都這麼認真的立刻指出原因，而我們自己的挫折，我們就都這麼睿智的歸咎於命運？

「我最近又改名字了。」他說。

「你這樣一直改名字，觀眾記不住吧。」我說。

「反正沒改名，觀眾也是記不住。」他說。

我的朋友幾乎算不上明星，但行事及信念倒是挺像明星的。他氣定神閒地端上他為我煮的酒釀湯圓。令我想到有一次我的加拿大好友說想吃吃看我們過節時吃的吉祥食物，我就煮了芝麻湯圓給加拿大好友吃，他咬了一口，看見墨汁一般的黑餡，由湯圓的內部汨汨冒出，嚇得放下湯匙逃離桌邊。

嘖，對黑暗料理也太大驚小怪。

「你怎麼那麼喜歡算命改名這些事？」我問。
「聽聽好玩嘛，也沒花多少錢。」他說。
「你是意志堅強的人嗎？」我問。
「呃？怎麼問這個？」他想了一下。「我的意志力嗎？普通吧……」
「算命，消耗的不是你的錢，是你的意志力。」
「怎麼會？我又沒有找人作法，或是養小鬼這些的。」他對我的說法嗤之以鼻。

有一個老派的說法，說「窮算命，富燒香」。大部分的人對這句話的理解是：沒錢的人，會不斷的向命運探路，希望命運給條路走；而已經有錢的人，就拜託老天，保住這份好運。

但我覺得「窮算命」裡的「窮」字，不是人常常去算命的原因，反過來，是人常常去算命，所帶來的結果。

遇到挫折，出了問題，有各種原因可以找：自己的原因、別人的原因、整個局勢的原因、運氣的原因。

只要是人的原因，或局勢的原因，都可以分析檢討，作為之後改變的依據，這就是學習。學習了，就會成長。

一名無業男子
年約三十
一事無成
於是跑去算命
你啊~
將會一直窮困潦倒
直到四十歲
四十歲之後呢?
你就會習慣了

而運氣的原因，無可分析檢討、也沒什麼可以學習改變的。涉及運氣，如果要改變，那就只好去算命，試試「改運，改名」這些方法。很多人也只是姑且一試，沒什麼大不了的。

只是，一旦有了「姑且」的心，意志就會轉弱；暫時把問題歸給老天，自己肩上就輕了，可以姑且不傷腦筋了。但問題如果還是解決不了的話，重擔就仍然要揹回自己肩上，但這時的心情就不是「這本來就該自己解決」，而是怨嘆「老天總是不幫我」。意志力這樣空轉一輪，消耗在神祕莫名的百慕達三角洲，白白浪費掉。

做表演工作，或是推出商品，在經歷一段時間，收到一些反應之後，改一次名字，很合理。但如果是交給算命的人，照著筆畫，一改再改，這當然表示當事人或公司，已經對這個人或這個產品，失去努力的興趣或方向了。

> 命理也許有它的道理，但它的道理並不建立在學習與成長上。
> 盡了人事之後，才聽天命，不是不盡人事，先聽天命。

把問題推給超自然的力量，最神奇的故事之一，是一個很愛追男生的女生告訴我的。

這女生太會糾纏，被追的男生用盡各種藉口要脫身，女生都不接受。最後這男生有一天鄭重的邀了這女生到祖宗牌位前面談話，女生以為男生終於就範，要稟告祖宗，迎接自己進家門了。結果這男生握住女生的手，真誠的說：「我奶奶昨天晚上託夢給我，說我們兩個不能在一起。」

人事已盡，只好聽天命，這女生追到對方必須把過世的祖宗都搬出來抵擋，不愧是上窮碧落下黃泉的境界。

也許你不愛算命，可是不妨想一下，在生活當中，有多少不順心的事一發生，我們的第一反應，一定是「真倒楣」的？

別人開車，發生了擦撞，我們會說這人開車不小心，但我們自己開車發生擦撞，我們第一反應一定是「真倒楣」。別人邊看手機邊走路踩到了狗屎，我們在一旁會想「誰叫你走路不看路」，但如果是我們自己看手機踩到狗屎，我們一定當下覺得「真倒楣」。我們打遊戲時打敗對方，那是我們英明神武技術高超，但輪到我們自己被打敗時，那是我們倒楣。

倒楣是什麼？倒楣就是把事情怪在運氣頭上啊。

名字筆畫不對，天上某顆星球逆行，活動當天竟然會下大雨……這都是倒楣，很多人覺得這無非就是隨口抱怨一下，不必認真。

那為什麼別人的挫折，我們都這麼認真的立刻指出原因，而我們自己的挫折，就都這麼睿智的歸咎於命運？

還是一樣，偶爾練習把自己當別人看，會看見很多原本看不見的事吧。

如果你有興趣練習，可以三不五時試著用「第三人稱」描述自己的感覺或行為。

本來你會說：「我餓到要發火了，這時候誰拿肉包子給我吃，我二話不說立刻以身相許！」

但如果用「第三人稱」，你會說：「她餓到要發火了，這時候誰拿肉包子給她吃，她二話不說立刻以身相許！」

聽在耳中，是不是感覺很不同？

只要偶爾用「第三人稱」描述自己，你的分身就出現了，分身會興味盎然的看著你自己，會看見一些平常你看不見的自己。

想要「做自己」，最好能先「看見自己」。

32. 把他人的否定切成小塊，不要全盤接受

當別人對我們釋放情緒，而用了「你這種人怎麼可能懂」或者「你就是豬」這種完全否定整個人的說法時，我們要訓練自己，把這樣的完全否定切成小塊，但不要吞下整塊的完全否定。

我有個朋友，是個明星，他跟我說他收到了一個很好的劇本，但他不敢接那個戲，可能會推掉。我問他為什麼不接，他說因為那個角色要說很多英文。

「那就說英文啊。」我說。

「我的英文發音很糟糕。」他說。

「那就練習啊。」

「可是，我的舌頭，不適合說英文。」他說。

「誰說的？」

「我中學的英文老師。」他說。

「老師說的？老師是怎麼說的？」

「老師有次叫我唸一篇英文文章，唸了三句之後，老師就說完全聽不懂，叫我坐下，換別的同學唸。老師那次就說了我的舌頭不能說英文。」

「紅鯉魚與綠鯉魚與驢。」我說。

「啊？」

「照著講一遍，紅鯉魚與綠鯉魚與驢。」我說。

他照著講了一遍，速度有點慢，但很清楚。

「你舌頭好好的，沒問題。」我說。

「真的嗎？那老師為什麼會那樣說？」

老師總是必須一個人對付很多學生，有時候還被迫要對一些根本不熟的學生，給出建議或評語。可以想像老師們難免要找些話來講。所以大家從小都可能得到過老師的評語：「求學認真，唯性格稍嫌懦弱」「開朗活潑，唯個性較為浮躁」「樂於助人，但容易過度相信別人」之類的。

離開學校後，有的人一點也不會記得這些老師給過的評語，有的人卻會記很久。記很久的人，可能信了這樣的評語，而否定了自己某方面的能力。

我們有情緒要表達時，最好只針對某件事表達情緒，而不是對整個人宣判結論，不

按鈴控告酸民毒舌
說我小心眼
哈哈哈~法院認証小心眼

管是對別人或對自己，都試著這樣做。如果今天上游泳課，沒有學會換氣，就說自己「今天沒學會換氣」，而不是「我根本不會游泳」。同樣的，跟伴侶起爭執時，試著說「我真的很氣你忘記我的生日」，而不是說「你根本不在乎我」。（當然，如果你們是一對很愛演的情侶，講話喜歡引用《還珠格格》的對白，講完之後又把對方推到牆上去狂吻到牆壁快裂開，那算是一種生活風格，也就又另當別論。）

當別人對我們釋放情緒，而用了「你這種人怎麼可能懂」或者「你就是豬」這種完全否定整個人的說法時，我們要訓練自己，把這樣的完全否定切成小塊。可以自責並反省自己為什麼又約會遲到半小時或欠了別人錢忘記還，但不要吞下整塊的完全否定。

倒不是擔心你太脆弱，承受不了被罵是豬。而是一旦相信了這種完全否定式的指責，自己會失去改進的動力，順理成章的接受了所謂的「宿命」。

就像我的明星朋友，竟然不打算練好英文，反而想直接推掉一個好劇本，連你都會為他可惜的。

別讓愛你的人，為你可惜。

33. 獲得幸福的機會，人人平等

在幸福這件事上面，
才華平庸者、不愛運動者、錢賺很少者、太瘦者或太胖者，得到的機會竟是一樣的。
唯一要求的，是學習與練習。學習面對自己的感覺、練習面對自己的感覺。

人是動物，但人又比動物多了不少事。

我們跟動物一樣，需要呼吸及飲食、想要活著及繁殖。但我們需要及想要的東西，比動物多得多。

我們覺得自己需要尊嚴、名聲、愛情、安定。我們想要地位、金錢、幸福、成功。這些都是我們的欲望。欲望得到滿足，我們就覺得過得很好。各種欲望不能滿足，我們就覺得生不如屎。

不過因為我們的欲望實在沒完沒了，我們很難有一刻會覺得萬事如意、心滿意足、不枉此生、夕死可矣的。我們一直要、要更多。

我問過不少賺大錢的生意人，他們要賺到多少錢才夠。沒有一位給過我明確的數字。他們都會講一些拐彎抹角的話，比方說：「希望能照顧更多人的生活」「財富，只是把事情做好的副產品」「為什麼要限制自己的能力呢」之類的回答。

其中有一個回答，我相信是真的。那位大老闆說：「賺錢最爽的不是數字，而是感覺。那麼好的感覺，為什麼要停止？」

他的回答，說明了我們只要曾經有爽到過，就是會一直要、要更多。

這有什麼問題嗎？

有一點小問題：因為終究有一天，我們會要不到。

我們大部分的人，一輩子如果能有一個願望得以實現，已經非常幸運了。比如，做一份自己有熱情的工作、找到一個適合的伴侶、住在自己喜歡的地方，被認定曾經帶給別人快樂。這些都是非常幸運的事。

我們大部分的人，並不會達成什麼重大的成功。我們也許達成了一些目標，可以寫在墓碑，或是社交網站的紀念版上，但不會被寫成傳記、也不會被記在課本裡。

如果我們只想取得重大成功，對人生其他美妙之事都不願一顧，那我們多半最後會失望。

那麼，除了重大成功之外，我們對人生可以有何終極期待？
很多人會說：「好的，我選幸福。」
是啊，幸福是一個選項。
我當然希望你成功又幸福，但如果老天爺斤斤計較，他口袋裡能夠給出去的成功或幸福，都是限量品，你就是只能選一個，你選哪一個？
成功，但不幸福；還是，幸福，但不成功？
我的朋友裡面，兩種人都有。甚至還有人是成功又幸福的。但那也只是到目前為止，因為成功與幸福的有效期限都很短，幸福可能下一秒就消失，成功可以比幸福拖久一點，但也是說消失就消失的東西。這並不是我在詛咒任何人，而是覺得大家對人生的本質明白一點，會更堅強吧。
以上面二選一的選擇題來說，我相信選擇幸福、比選擇成功的人多得多。首先，具備成功條件的人，其實很少。腦子呀紀律呀能力呀機遇呀什麼的，要求一大堆。其次，認定成功的標準也很麻煩，你自己覺得成功了，但在同一領域的人看起來，你並沒有進入那個領域的前百分之十。你硬要說那是成功，當然也可以，但你心裡總是偷偷的冒汗又抱憾，知道自己「不夠」成功；更有一種奇怪的現象，明明所有人都認定你成功了，但你心裡不斷提醒自己，你還沒有成功，距離你想要的成功，還差得遠呢。

反正，成功，要被人認定，也要被自己認定，這既沒辦法偷工減料、又需要天時地利。

但幸福呢？幸福可省事了，幸福只需要「人和」——與人和、與自己和。而且最奇妙的是，如果一個人能夠「與自己和」，就能「與別人和」。

成功的標準，沒辦法由我自己說了算。但幸福的標準，我們可以自己說了算。說穿了，幸福只建立在一件事情上，就是我們的感覺。

這不是太好了嗎？竟然有這麼一樣東西，足以支撐整個人生，卻竟然只建立在我們自己的感覺上。

在幸福這件事上面，才華平庸者、不愛運動者、錢賺很少者、太瘦者或太胖者，得到的機會竟是一樣的。唯一要求的，是學習與練習。學習面對自己的感覺、練習面對自己的感覺。

做為一個人，感覺本來就是我們想丟都丟不開的一部分。而且如果我嘴硬的話，感覺比肉身還持久。

肉身就算停擺了，還會有一個東西從肉身上冉冉飄起，飛向雲端……

「等一等，你講的這個會冉冉飄起的東西，是假的吧？」你說。

「但電影都這樣演呀。」

「就算電影有演，那個東西也不叫做感覺，而是叫做靈魂吧？」你說。

「靈魂不就是感覺嗎？不然靈魂是什麼？」

「真的有靈魂這種東西嗎？」你說。

「如果沒有這種東西，那你怎麼那麼怕遇到鬼？沒有靈魂，哪來的鬼？」

「你現在是說，如果我怕鬼，我就必須相信有靈魂？」

「我只是說，靈魂並不神祕，靈魂也不像鬼那麼飄渺，靈魂就是每一秒都如此真實的感覺。而只要你搞定了感覺，你就得到幸福了，超級方便的，比搞定鬼要容易太多了！」

愛情跟麵包
你選哪一個?
我選麵包
那...我跟麵包呢?
我覺得...只有麵包
才能感覺幸福
(輪到我了?...)

34. 追劇，竟然可以同時訓練情商

把戲劇人物當作反面教材、抬槓的對象，劇中人物只要吶喊出一句過度誇張情緒的話，你就立刻跟他抬槓：「我才不會這樣想。」

所有好看的戲劇，劇中的人物情商都很低。

如果他們情商高，那個戲一定難看死了。戲劇人物就是要情緒大起大落，折磨自己、折磨別人，戲才會好看。

但戲劇人物充其量也只要出現幾小時，就算六十集連續劇每集出現，也就是不到六十小時的人生而已，當然吃得消大起大落、大悲大喜，但我們可不一樣，我們是要活一輩子的，如果有人因為喜歡明星，喜歡這些戲劇故事，而把戲劇人物的言行，當成了生活的參考範本，可就災難了。

戲劇人物追求的不是情商，而是活得生猛激烈。那我們訓練情商，追求的是什麼？

不是追求冷漠，而是追求冷靜；不是追求無情緒，而是追求恰如其分的情緒；不是扭曲自己去討人喜歡，而是因為做自己做得很自在，令身邊的人也放鬆了，而討人喜歡。

平日隨處可見的戲劇，是有不少言行，值得當成生活範本，例如英雄的勇氣、好人堅持的價值、幽默機智的對白、浪漫的戀愛、任性的旅行……一大堆。但請還是要知道，戲劇人物的情商都很低。

唐僧本來想必情商是高的，但一旦被塑造成戲劇人物，就要降低他的情商。這是戲劇的本質。以戲劇的起源來說，希臘悲劇就是為了呈現命運的殘酷，希臘喜劇就是為了呈現人性的荒謬，都必須以誇張狂暴的手法，才足以凸顯這些訊息，並吸引觀眾。這個原則，沒辦法改變，到今天戲劇故事還是必須這樣編，戲劇人物還是必須這樣表現。

所以中外戲劇裡會充滿了這樣低情商的對白：「你是我生的，你就得聽我的！」「沒有你，人生還有什麼值得活的？」「你這是逼我翻臉嗎？」「你這個廢物，沒救了！」……等等，都是足以令心理諮商師集體大頭疼的言行與心態。

常看這些戲，多少會被劇中人物的言行打動，就算不表現出來，心裡也忍不住受影響。

如果發現自己有這樣的傾向，以後乾脆就順便以這些人物為反面教材、當他們是抬

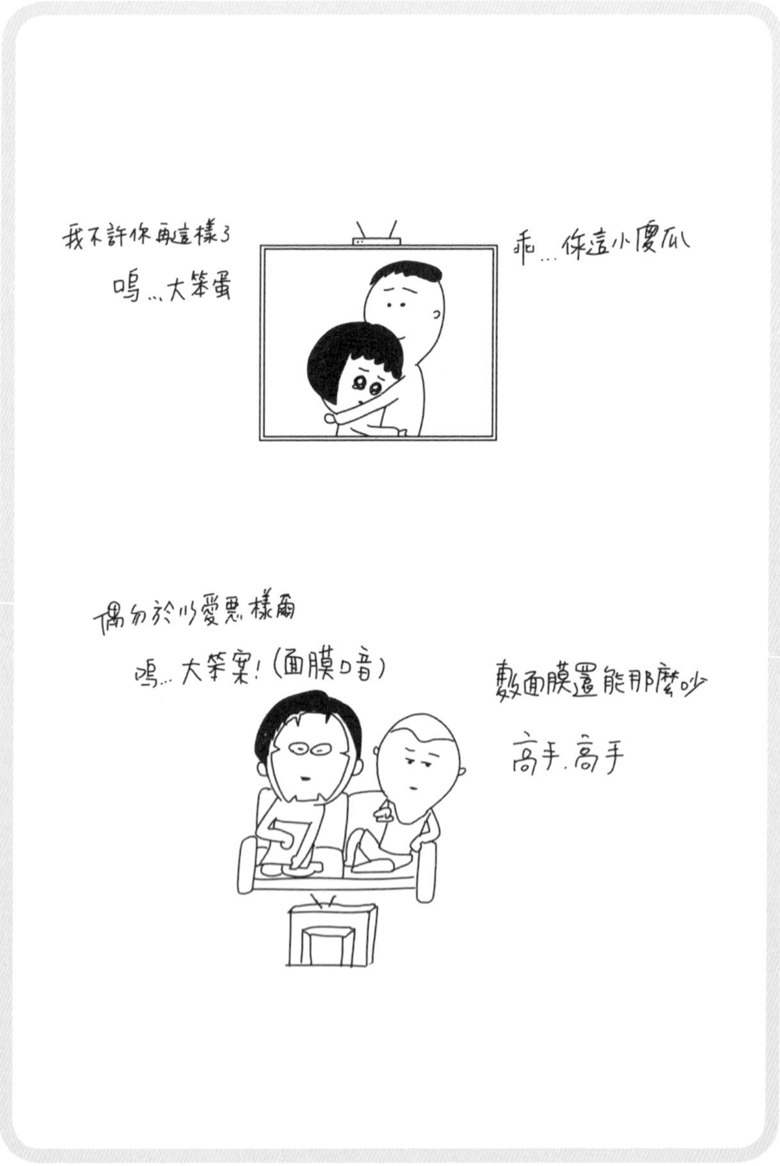
我不許你再這樣了
嗚…大笨蛋
乖…你這小傻瓜
偶勿於以愛思樣爾
嗚…大笨案!(面膜口音)
敷面膜還能那麼吵
高手.高手

槓的對象，劇中人物只要吶喊出一句過度誇張情緒的話，你就立刻跟他抬槓：「我才不會這樣想。」

戲劇的世界，是唯恐天下不亂的世界。天下不亂、沒戲可看。但你不會希望你的真實生活像戲劇那樣，每分鐘天下大亂的。

重要的是，知道我們想學的是什麼。只要知道了想學什麼，生活中可供學習的教材俯拾皆是。有些是正面教材，有些是反面教材，但都是教材。

「幸福，取決於你如何投入你的注意力。」行為經濟學家多藍（Paul Dolan）說。

有些學習一點也不娛樂，但也有些學習，可以在娛樂時進行，在追劇之時辨認情緒，增進情商，這是我心目中的「寓教於樂」。

以戲劇人物為反面教材，當他們是抬槓的對象。

35.「你變了」？恭喜恭喜！

我們並不恐懼「未知」，只是對「未知」感到不安而已。而這份不安當中，有強烈的嚮往：探索未知的自己，而不是固守幻想中所謂原本的自己。

「我朋友說我變了。」他說。

他很消沉地看著桌上的那碗黃魚煨麵。煨麵微微冒煙，很應景他的消沉帥臉。

「嗯，那恭喜你啊。」我說，開始吃我的煨麵。朋友的消沉，與吃煨麵的胃口，不必互相影響。

「恭喜我?!你的中文行不行啊？如果他說『你改變了』，表示我改好了，這才是稱讚，這才值得恭喜。他說的是『我變了』，這不是好的意思。」

「是喔，那他覺得你是怎樣的變了呢？」我問。

「他說，我根本就不是原來的我了……」

「唔……『原來的你』……」我吃著麵。「請問，什麼時候的你，才是『原來的你』啊？七歲的你？十七歲的你？還是二十七歲的你？還是，你那個朋友認識你那一天的你？」

他愣住了，久久沒有回答我。

這個消沉的人，是我朋友。他是個明星，出道多年，得到粉絲稱讚他一直沒變，現在只是某個朋友說他變了，竟然可以消沉到坐視煨麵的湯漸漸被麵條吸乾，徒然的講一些似通不通的話。

我仔細的用湯匙舀好湯，再把少少的麵條，放進這匙湯裡。

吃煨麵的每一匙，都應該被妥善佈置成一碗整齊的小湯麵，自成一個小天地。

什麼叫「你變了」？「不變」是值得高興的事嗎？

什麼叫「原來的你」？在子宮裡的你？還是剛上學的你？

別人含混的表達，我們就含混的收下，含混的產生情緒，含混的自責，卻不追究到底自己有什麼可責備的？

對自己真是夠隨便的。

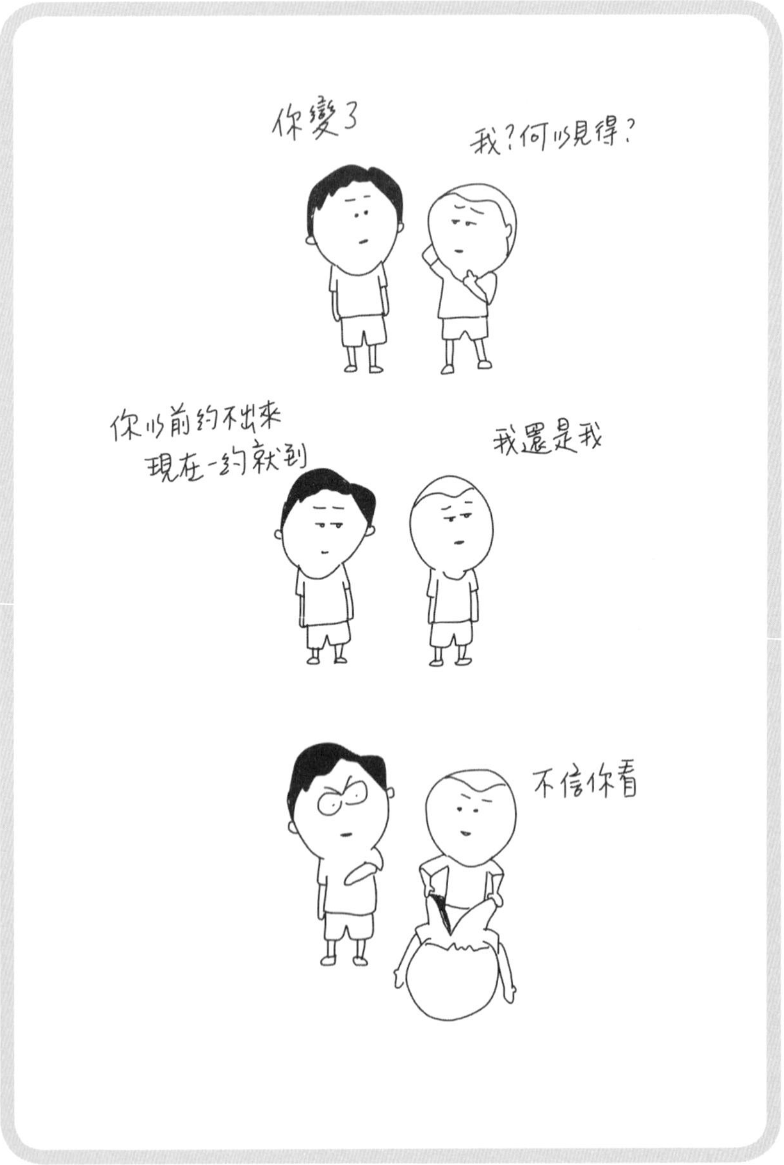
你變了
我？何以見得？
你以前約不出來
現在一約就到
我還是我
不信你看

如果不知道饅頭是怎麼回事，怎麼做得成饅頭？如果不知道自己是怎麼回事，怎麼做得成自己？

我其實常聽到這句話：「如果這樣，就不再是原來的我了！」「我還是比較喜歡原來的我。」我聽了都會納悶這個「原來」是怎麼定義的。

你說過類似的句子嗎？

連今天的我跟昨天的我都不同，怎麼會有「原來的我」？

只有一個角度比較合理：這個所謂「原來的我」，也是每秒都在變化，並沒有一個固定的意思。

它應該是指一個狀態：在曾經活過的各種我當中，活得最自在的那個我。

曾經活過的我當中，活得最自在的那個我……聽起來是很不錯，但也不必一輩子抓著不放吧。

家裡坐起來最舒服的那把椅子，未必是世上最適合你的椅子，總得多出去坐幾把沒坐過的椅子，才知道。

說穿了，「原來的我」，就是一個已經知道活起來是什麼滋味的、已知的我。

把這樣一個我，裱上金框，題匾曰「原來的我」，供在堂上，這不等於是故意要把一條河流攔成一窪死水嗎？

是的，人都不喜歡「未知」。原始人好不容易摸熟了一條安全的路，突然要試條新路，必須進入一個深不可測的森林，當然會惴惴不安。

所以會希望大家都別改變，自己也別變，世界也別變，一切如往常就好。

可惜世界每秒都在改變，我們沒辦法自己一個人不變。地形改變、氣候改變、身在其中的我們，也一定改變。

對於「未知」會感到不安，我們就去弄清楚不安的起源，但不必誇張的把這份不安，說成是「恐懼」。

情商追求恰如其分。把「恐懼」調整為應有的份額，如果能把龐大的恐懼，縮小為可掌握的「不安」，就比較不會錯過其中那份對未知的嚮往。

我們並不恐懼「未知」，我們只是對「未知」感到不安而已。而這份不安當中，有強烈的嚮往：探索未知的自己，而不是固守幻想中所謂原本的自己，「生活」，是「生長」與「活動」，不是把自己裹成木乃伊、二十四小時挺屍啊。

36. 別學愚公移山，只要移動念頭即可

自己身上可以改變的東西太多了：性格、心情、態度、觀念，都可以改變，可以變得更明白、更舒緩、更恰如其分。

聽說很久以前，有一位九十幾歲的爺爺，名叫「愚公」。他家門前被大山擋住了，出入很不方便，所以愚公就拿了鏟子鋤頭什麼的，要把大山剷平、移開。

這個故事很神祕。愚公已經九十幾歲了，難道他是某天一覺醒來，忽然發現門前有山，於是火冒三丈，決定跟山拚了？還是愚公在二、三十歲剛成家的時候，因為特別愛山，就精心挑選了風水寶地，依山蓋房，且追求「開門見山」的境界，精心規畫，把房屋大門，特地開向會被山堵住的方位？

不管是上述哪種情況，我都願意相信這是真的故事。世上曾經活過這麼多人，其中有這麼一號人物，為自己選擇的人生方向，就是要用一輩子，跟山鬧彆扭，這我完全能夠理解。

幫阿公把這座山搬到後院
擋住入口了!
何不把門開在後院呢?

世上多的是一輩子跟自己鬧彆扭的人啊，出現了一位愚公，決定一輩子跟山鬧彆扭，有什麼不可思議的。

只要愚公不是我爺爺，不逼著我陪他拿鏟子去移山，而他挖山的行為，也不違法或損及別人，那麼他愛怎麼過日子，是他的事。

如果你希望他是你爺爺，你很想跟他一起拿鏟子移山，那這本書不是為你寫的，建議你到土木工程或機械設計的類別去選書。

我很確定，我不是愚公的信徒。他如果開公司，我不會買他公司的股票。

但我也沒什麼資格批評他，因為在某個階段，我也曾經是愚公，只是以前我沒察覺。

我跟你一樣，很早就發現，生活充滿挫折。想要的東西，常常要不到；想做的事情，總是做不成。

那時候的我，覺得生活很混蛋，就想改變生活；覺得世界很混蛋，就想改變世界。改變不成，就更挫折，對生活與世界更失望。

我當然可以想要改變生活、改變世界，但我忽略了一件簡單的事：生活跟世界，都不是我一個人的。我照我的意思用力改變生活跟世界的時候，別人也正在照他們的意思，用力改變生活跟世界。

可想而知，我也改，他們也改，改出來的樣子，當然不會如意。不如他們的意，也不如我的意。

越改，越感到挫折。於是我開始想，一定有什麼東西，是一旦我改好了，我就可以確實的感到如意；就算不幸改壞了，我也能慢慢去體會是哪裡改壞，可以再想辦法一步一步改好一點。

我想到的唯一東西，不是改生活、不是改世界；當然也不是改家庭、改學校，或者改制度、改行業。我想到的唯一東西，是改自己。

我就是在那時察覺自己正是一個跟山鬧彆扭的、拚命要移山的愚公，我露出了苦笑。

愚公受不了大山擋在他家門口，他決定要一鏟一鏟去移山，而不是移動他自己。他九十多歲了，覺得有生之年大概是移不走山了，還打算交棒給兒孫，說世世代代的兒孫，可以接棒繼續去移山。他旁邊每個明眼人都會納悶，你搬家不就得了？就算不肯搬家，把大門改個方位不就得了？為什麼硬要把人生耗在對你毫無感覺的一座大山上面？

愚公如果肯把眼睛由大山上面移開，他會發現天地寬廣，空氣清新，自己有無數地方可以移動。

一樣的，在想要改變生活、改變世界之前，我發現可以先改變自己，一瞬間我也覺得天地寬廣、空氣清新。

自己身上可以改變的東西太多了：性格、心情、態度、觀念，都可以改變，可以變得更明白、更舒緩、更恰如其分。

我沒有英明到大刀闊斧，我只會摸索著，小步小步的改，只要越改越有感覺，那就表示方向對了。至於你要稱呼它是情商，或是其他早於情商一詞的古老稱呼，都無所謂。搞懂這番道理的人很多，其中很多是古人，根本沒聽過情商一詞，大家只是為自己找一條值得走的路而已。

一旦越走越有感覺，就會有力氣繼續走下去，而只要有路能走下去，那些本來覺得改變不了的生活、改變不了的世界，一定都會多多少少的跟著改變。你找到了新的路，路邊的風景當然就會不同，路上遇到的人也會不同，別人看你的眼光也會不同，因為別人會感覺到：你不一樣了，你不再人云亦云，不再把糊塗當豁達，不再輕易否定自己或別人……你在世上會找到新的位置。

愚公當時如果願意移動自己，甚至只要移動念頭，大山在他的眼中，立刻會不再是障礙，而會變成值得探索的世界、值得玩味的風景。

這本書，就是想講這件事。

讓山是山，讓我們是自己。不是別人塑造的我們，而是我們塑造的自己。從我們的心開始，因為那最值得。

疑移宜移
立下愚公移山志
拓寬勤奮致富門

康永的致謝

這本書會誕生，我要謝謝創辦米未公司的馬東，以及米未公司的團隊，尤其是黃執中、馬薇薇、周玄毅、胡漸彪、邱晨、王菡、肖揚、曠達以及胡慎之老師和叢非從老師。

他們督促著我，整理出我對情商的信念與想法，如果不是這個機緣，我根本沒有想過要寫這方面的書。

另外，我要謝謝我工作上的重要夥伴陳冠宇。他深諳一動不如一靜的訣竅，大大降低了我的盲動亂動，也讓我體會到平靜的力量。

最後，我要提到左治，他使我認真的看待心理學，不再漠視其中蘊含的心力與知識。

Eurasian Publishing Group
圓神出版事業機構
用心與你對話．視野無限寬廣
如何出版社
Solutions Publishing
www.booklife.com.tw reader@mail.eurasian.com.tw

Happy Learning 169

蔡康永的情商課——為你自己活一次

作　　者／蔡康永
插　　畫／好笑刺青店
發 行 人／簡志忠
出 版 者／如何出版社有限公司
地　　址／台北市南京東路四段50號6樓之1
電　　話／（02）2579-6600．2579-8800．2570-3939
傳　　真／（02）2579-0338．2577-3220．2570-3636
總 編 輯／陳秋月
主　　編／柳怡如
專案企畫／賴真真
責任編輯／柳怡如
校　　對／蔡康永．柳怡如．張雅慧
美術編輯／劉鳳剛
行銷企畫／詹怡慧．曾宜婷
印務統籌／劉鳳剛．高榮祥
監　　印／高榮祥
排　　版／杜易蓉
經 銷 商／叩應股份有限公司
郵撥帳號／18707239
法律顧問／圓神出版事業機構法律顧問　蕭雄淋律師
印　　刷／祥峯印刷廠
2018年11月　初版
2024年8月　109刷

定價350元　ISBN 978-986-136-514-5

有些人誤以爲「討人喜歡」是情商很高的境界。

很遺憾，如果討人喜歡，卻失去自己，那是情商最糟的狀況。

失去自己，不管情不情商，就是最糟的狀況。

情商的出發點，必須是自己，不然情商就沒有任何意義。

舒服的做自己，是追求情商的最重要原因。

——《蔡康永的情商課》

情商課音頻

國家圖書館出版品預行編目資料

蔡康永的情商課：為你自己活一次／蔡康永 著

-- 初版 -- 臺北市：如何，2018.11

256 面；14.8×20.8公分 --（Happy Learning；169）

ISBN 978-986-136-514-5（平裝）

1. 情緒商數　2. 情緒管理

176.5　　107007698